千年學府文庫

丁伊輔集

（上）

丁善慶 撰
丁平一 整理

湖南大學出版社·長沙

圖書在版編目（CIP）數據

丁伊輔集：上、下/（清）丁善慶撰；丁平一整理. —長沙：湖南大學出版社，2024.9（千年學府文庫）. ISBN 978-7-5667-3711-3

Ⅰ. C53

中國國家版本館CIP數據核字第2024WW4583號

丁伊輔集（上、下）

DING YIFU JI（SHANG，XIA）

撰　者：丁善慶

整　理：丁平一

責任編輯：王桂貞

印　裝：長沙超峰印刷有限公司

開　本：787 mm × 1092 mm　1/16　印　張：39.5　字　數：192千字

版　次：2024年9月第1版　印　次：2024年9月第1次印刷

書　號：ISBN 978-7-5667-3711-3

定　價：248.00圓（全兩册）

出 版 人：李文邦

出版發行：湖南大學出版社

社　址：湖南·長沙·岳麓山　郵　編：410082

電　話：0731-88822559（營銷部），88821594（編輯室），88821006（出版部）

傳　真：0731-88822264（總編室）

網　址：http://press.hnu.edu.cn

電子郵箱：wanguia@126.com

ISBN 978-7-5667-3711-3

9 787566 737113 >

『千年學府文庫』編輯出版領導小組

組　長：鄧　衛　段獻忠

成　員：曹升元　李樹濤　蔣健暉

汪衛斌　孫　煒　李肯立

唐珍名　陳仁朋　姜　潮

出版説明

湖南大學歷史上承嶽麓书院，書院肇建於公元九七六年，爲我國古代四大書院之一，歷經宋、元、明、清，朝代更迭，學脉綿延，弦歌不絶。一九〇三年，書院改制爲湖南高等學堂。清末民初，學制迭經變遷，黌宫數度更易。一九二六年定名爲湖南大學，一九三七年改歸國立。一九五三年全國高校院系調整，學校更名爲中南土木建築學院，一九五九年恢復湖南大學校名。享有千年學府之盛譽，承載着我國教育的發展歷程和厚重的文化積澱，是中國教育史、學術史、思想史、文化史的一個縮影。

惟楚有材，於斯爲盛。從嶽麓書院到湖南大學，一批批學者先賢在此教書育人、著書立説，人才之盛，達成之功，史有明徵，班班可考。爲表彰前賢之述作，昭示後生以軌節，開啓學海津梁，溝通中西文明，弘揚大學之道，傳承中華文化，值此嶽麓書院創建一千零四十周年暨湖南大學定名九十周年華誕之際，中共湖南大學委員會、湖南大學决定編纂出版《千年學府文庫》。兹謹述編纂原則如次：

一、以『成就人才，傳道濟民』爲主綫，以全面呈現千年學府發展歷程、辦學模式、師生成就、學術貢獻爲目標，收録反映千年學府學制變遷與文化傳承的學術著述。

二、選録人物係湖南大學及前嶽麓書院、時務學堂、湖南高等學堂、高等實業學堂、優級師範學堂、高等師範學校、公立工業專門學校、法政專門學校、商業專門學校、國立商學院、國立師範學院、省立克强學院、私立民國大學、省立音樂專科學校、中南土木建築學院、湖南工學院、湖南財經學院之卓有成效并具有重要影響之師生員工。已刊者選印，未刻者徵求，切忌貪多，惟期有用。

三、收録文獻，上起九七六年，下訖一九七六年，既合千年之數，更以人事皆需論定。

四、收録文獻，以學術著述、校史文獻、詩文日記爲主，旁及其他，力求精當，不務恢張。

五、收録文獻，有原刻者求原刻影印，無原刻者求善本精印，無善本者由本校校印。排版形式根據著述年代而定，古代著作采用繁體竪排；一九一九年至中華人民共和國成立前，原則上簡體橫排，根據版本情況，亦可用繁體竪排，規範標點；中華人民共和國成立後的著作，用簡體橫排。

六、文獻整理，只根據底本與參校本、參校資料等進行校勘標點，對底本文字之訛、奪、衍、倒作正、補、刪、乙，有需要説明的問題，則作出校記，一般不作注釋。

七、收録文獻，均由整理者撰寫前言一篇，簡述作者生平、是書主旨、學術價值、版本源流及所用底本等。

八、《千年學府文庫》圖書，尚待徵求選定，徵求所得，擬隨時付印，故暫無總目。

《千年學府文庫》卷帙浩繁，上下千載，疏漏缺失，在所難免，尚祈社會各界批評指正。

《千年學府文庫》編輯出版委員會謹識

二〇一六年十月

前言

丁善慶（一七九〇至一八六九），字伊輔，號自庵，亦號養齋，湖南清泉縣（今衡陽市）人。清道光三年（一八二三）中進士，旋即選爲翰林院庶吉士，授翰林院編修。其歷階爲國子監司業，詹事府右中允、左中允、右庶子，翰林院侍讀學士。其任職爲國史館總纂、庶常館提調、文淵閣校理、皇室内廷日講起居注官及奏辦院事。其使事如下：清道光八年（一八二八），爲戊子科貴州鄉試主考官；道光十一年（一八三一），爲辛卯科廣東鄉試主考官；道光十五年（一八三五），爲乙未科會試同考官、順天鄉試同考官；道光十六年（一八三六），任廣西學政（參見曾國藩撰《翰林院侍讀學士丁君墓志銘》，《曾國藩集·詩文》，岳麓書社一九九四年版，下同）。咸豐二年（一八五二），加三品卿銜。

丁善慶曾連任嶽麓書院山長二十二年（一八四六至一八六八），他的後半生與嶽麓書院休戚相關，成爲近代嶽麓書院最著名的山長之一。清代《清泉縣志·列傳》記載：『嶽麓書院爲宋初四大書院之一，主斯席者通儒上材多矣。

近世則推湘潭羅典、安仁歐陽厚均，以善慶匹之，蓋無愧色云！』確實，近世在嶽麓書院連任二十年以上山長者，也僅他們三人。曾國藩在《翰林院侍讀學士丁君墓志銘》中稱他『警發愚蒙，生徒翼翼』（參見《曾國藩全集·詩文》）。清末湖南學政吴慶坻也稱之『教士嚴整，成就甚衆』（《丁伊輔先生自課詩賦册》，吴慶坻：《養齋集·跋》稿本）。往下，僅擷其要者述之。

致力於教育，實踐躬行。道光二十六年（一八四六），丁善慶辭官歸鄉，當年即受聘爲嶽麓書院山長。在京師，他仕途有望更進。曾國藩記道：『宣宗嘗從容問「翰林中孰爲篤學」，曹文正公舉君以對。天子既异之，在廷名卿耆德亦多稱嘆，以爲令僕之器，歲月可冀。』（曾國藩：《翰林院侍讀學士丁君墓志銘》）。但丁善慶不戀權勢，毅然選擇回湘，以教育作爲他後半生的事業。

丁善慶獻身教育的精神主要體現在他對教育事業忠心耿耿的躬行實踐上。他任書院山長的第六年即咸豐二年（一八五二），嶽麓書院建築全部被太平軍焚毁，爲了使這千年講學之地弦歌不絶，他率諸生爲重建書院而努力。他積極倡議全省的官紳士民捐款修復嶽麓書院。倡議發出後，許多關心書院教育的人慨然解囊相助，如歐陽厚均的次子捐贈三百金作書院修復費。咸豐三年（一八五三）春，修復了文廟、御書樓、文昌閣、講堂、齋舍、祠宇；咸豐五年（一八五五），修復了半學齋；咸豐十年（一八六〇），修復了自卑亭；咸豐十二年（一八六二），修復了三閭大夫祠、賈太傅祠、李中丞祠；同治四年（一八六五），修復了愛晚亭、極高明亭、道鄉臺、崇聖祠、講堂、二門等；同治五年（一八六六），修復了風雩亭、吹香亭、抱黄閣。丁善慶在主院期間，備嘗艱辛，主持修復了書院的主要建築，可謂爲書院教育的恢復殫精竭慮，貢獻卓著。

丁善慶任山長期間，還爲恢復書院藏書作出了很大貢獻。咸豐二年（一八五二），嶽麓書院多年收藏的書籍毁於兵火。《嶽麓書院續志》卷之終記載：『讀李中丞藏書記，意慮遠矣，條款亦極周密。咸豐壬子秋遭兵燹蕩然無存。』没有書，這對書院的教學、科研、學習來説無疑是一個重大損失。身爲學者的丁善慶深深懂得這一點，他在修復書院之際還積極倡議社會名流、士林學者爲書院捐書。由於丁善慶德高望重，倡議發出後，許多人積極響應，踴躍捐獻古書圖籍。如湖南巡撫李瀚章於同治五年（一八六六）將《御纂周易折中》《欽定書經傳説匯纂》等8部共180册古籍捐贈給嶽麓書院。又如，著名刻書家、藏書家陳仁子的後裔陳源豫將其祖先輯刻的《文選補遺》《唐宋詩醇》《嶽麓詩抄》等86册古籍捐贈給書院。曾國荃、賀貽齡、丁取忠、俞錫霖等社會名流也將許多書籍捐贈給嶽麓書院。丁善慶帶頭將自己珍藏了多年的一些書籍贈給書院，如《御制日講四書解義》《佩文韵府》《十三經注疏》《困學紀聞三篇》等，共計862卷。丁善慶主院期間，除了號召和帶頭捐書外，還在經費十分緊缺的情況下購置了幾批圖書。購置的書中有《古今文學釋珍》7種、明歸有光評閲的明刻本《諸子匯函》《壯學齋文集》等。得益於捐書購書活動，清同治年間（一八六二至一八七五），嶽麓書院御書樓的藏書恢復到了相當規模。據《嶽麓書院續志》卷之終記載，當時書院的藏書恢復到14000餘卷，册數比嘉慶間多1400餘卷，御書樓藏書的恢復爲書院學子提供了良好的治學條件。丁善慶還制訂了《嶽麓書院捐書詳議》，使藏書管理制度日臻完善。

在教育思想上，丁善慶把德育教育放在首位，以儒家教育思想爲正宗，參以『陰德感應之説』。曾國藩説他『主講嶽麓書院二十餘年，以洛閩正軌陶鑄群弟子，亦頗参陰德感應之説，警發愚蒙，生徒翼翼，無敢軼逾法度，庶幾以身教者』（曾國藩：《翰林院侍讀學士丁君墓志銘》）。因爲他認爲道德教育是根本，故『日申儆諸生示以修身立命之要』（《清泉縣志·列傳》），而且總是『教人先行而後文』（《清泉縣志·列傳》）。他認爲，學子們能通過學習發現自己的過失，進而約束自己少犯過失。他説：『讀書能見過，約己得全真。』（丁善慶：《丁伊輔先生自課詩賦册·歲暮雜興》稿本）其友黄爵滋稱頌此語『十字抵一篇座右銘』。受過他教育的人『優异其能且勤者，下及閭巷，咸知改化』（《清泉縣志·列傳》），可見他道德教育思想影響之大。

在教學方法上，丁善慶特别注意『以身率教』。他總是以自己良好的行爲感化學生，對學生起了潛移默化的作用。郭嵩燾説他『道德志行，爲時軌範』（郭嵩燾：《丁伊輔先生自課詩賦册·序》稿本）。他極孝順母親：『早歲事母，執爨必躬，淅米必潔……母或加餐，輒喜，述諸人以爲至幸；或有饋賜，輒豐其好貨，端篋而將之；或體中不適，則憂皇如不終日。』（曾國藩：《翰林院侍讀學士丁君墓志銘》）清末，湖南學政吴慶坻視學湘中時曾説：『今士習日益灕，求如丁先生以身教者，邈爲不再覯，相與太息久之。』（吴慶坻：《丁伊輔先生自課詩賦册·跋》稿本）丁善慶這種以身教勝於言教的教學方法實際上繼承了儒家的寓德育於傳授文化知識之中的教學思想。他在教學中還注意啓發思維，要學生務實學，讀書要勤奮，不要『濫吹竽』。

在人才培養上，丁善慶不受世俗觀念的影響，對有才華的人，不論其出身如何，他都竭盡全力培養、選拔，使人盡其才。《清泉縣志·列傳》記曰：『爲學政，多拔寒俊』，『黔粤兩解首，俱得自遣卷中』。他雖爲嚴師，但信任學生，從不使自己高踞於學生之上。他主修《嶽麓書院續志》時，就挑選了一些學生參加編修工作。他還非常關心學生，能設身處地替學生著想。他考慮當時有許多書院生徒要進京趕考，路程遥遠，往返途中飲食不便，於是他發明了一種方便面。後來，人們稱此種面爲『伊輔面』（因時人稱他伊輔公，故用其字命名）。據説『伊輔面』後來傳到中國香港和日本。

由於丁善慶篤於人倫，教學有方，其弟子著録者有數百人之多。例如，劉長佑、劉坤一、曾國荃等晚清大臣均是他長嶽麓書院時的學生。曾國藩、郭嵩燾雖不是他長院時的學生，但也均視他爲師長，對他尊敬有加。

丁善慶去世的前兩年，在年近80高齡下，還不遺餘力地纂修《嶽麓書院續志》，爲後人研究嶽麓書院留下了寶貴資料。《嶽麓書院續志》於同治六年（一八六七）修纂，丁善慶修此志的目的是使後人更好地了解和研究書院，繼承這份珍貴的文化遺産，『以徵後起文華之盛』。

丁善慶學問博通，對文、史、哲、書法等學科都頗有研究。這一方面得力於他的勤奮好學，另一方面也與他家學淵源有很大關係。

丁善慶高祖丁福，爲朱元璋的開國功臣，封武德將軍。曾祖丁元正，歷任吴江、如皋等六縣縣令，詳於治學，著有政聲。清季著名學者沈德潛爲之作傳略，説他『性愷悌，愛民下士，邑中人有慈母神君之號』（沈德潛：《吴江丁明府傳略》）。祖丁甡，解元，與其弟丁正心同時參加科舉考試（當時湖南主試爲清代著名學術大師錢大昕），丁甡爲解首，其弟次之，兩兄弟同時中舉在當時傳爲佳話。《隨園詩話》記有此趣聞，并附有湖南督學吴鴻的詩，詩曰：『文昌此日欣聯曜，誰向西風訴不平。』丁甡也著有政聲。父丁世鑅，積學早逝。三世均贈中憲大夫。

丁善慶早年喪父，13歲時隨母寄居於其外祖父劉權之家，劉權之身爲大學士，學問人品都爲時人稱頌，他精心培養外孫，對丁善慶一生産生了極大的影響。

據甘建華先生所寫的《白沙丁氏：衡陽簪纓望族》一文中記載，丁善慶家族中也有許多名重一時之人。如：曾在皇室内廷教授書法的著名書法家丁一焯，當時許多書法家都出於他的門下；創建衡陽白沙書院的丁名瓚，培養出許多進士、舉人、秀才，是衡陽著名的教育家。又如：中進士後被選入翰林院的丁一燾，一生著述甚豐，尤潛心《周易》，名重一時。

曾國藩、郭嵩燾、黄爵滋等人都對丁善慶的才學非常欽佩。但丁善慶一生無所矜异，淡薄名利。他的著作大都散佚，祇能從一些零散記載中窺知其某些著作的名稱和大概内容。

丁善慶的主要著作有《左氏兵論》《字畫辨正》《知畏齋日記十八册》《養齋集》《嶽麓書院續志》等。丁善慶長於修史，據其曾孫——中國羽絨工業創始人丁鵬翥編寫的《十六代善慶公年譜》中記載，丁善慶任國史館總纂時，曾纂輯校閲了《循吏傳》《儒林傳》《義苑傳》《大臣傳》《大清統一志表·陝西部分》《國史館長編總檔》《國史臣卷》等書；纂修了《湖南統志》《嶽麓書院續志》《小學紺珠》等；整理編訂了其外祖父劉權之的《劉文恪公剩存草詩集》《劉文恪公剩存草文集》《劉文恪公和詩集》；參訂校正了《陳宏謀古文詳解》等書。丁善慶在皇室内廷時，曾奉旨承擬起草過御祭大學士曹振鏞文、碑文、入祀賢良祠文、皇太后加徽號册文、祭兵部侍郎鬆筠文、鬱林忠功祠記、陽朔壽陽書院記等各種文體的文章多種。下面，僅對他幾部著作做一簡介。

《左氏兵論》是丁善慶的一部力作，可惜書稿毁於兵火，未見殘本。丁善慶長於研究五經，特别對《易經》《春秋》有研究。曾國藩説：『君之學詳於治經，尤嗜易、春秋，著有《左氏兵論》。』（曾國藩：《翰林院侍讀學士丁君墓志銘》）可見，丁善慶對史學、哲學都有所研究。

《字畫辨正》是丁善慶對書畫藝術研究的成果。他本人精通書法，長於楷書，郭嵩燾説他『楷法端勁，周規折矩，允如柳誠懸之言，原本正心之學』（郭嵩燾：《丁伊輔先生自課詩賦册·序》稿本）。丁善慶的書法是有家學淵源的，他的曾祖、叔祖都是當時有名的書法家，叔祖丁一焯是專在皇室内廷教授書法的，著有《書真僞、優劣，《清泉縣志·列傳》説他對書畫『鑒别尤神』。

《知畏齋日記十八册》是丁善慶從初登仕途到去世共四十餘年間所記的日記，頗有史料價值。因爲丁善慶是朝廷重臣，與朝廷中許多名卿交往甚密，而翰林院侍讀學士主要是供奉皇室内廷的，故他的日記對我們了解當時的内政、社會狀況、朝野風氣等歷史都大有裨益。日記中也有他在嶽麓書院任職期間日常教學活動等情况的記載，是研究嶽麓書院很有價值的資料，可惜此日記在『文革』中丟失，至今下落不明。

《嶽麓書院續志》共6卷、16個類目。它的特點是録入了大量當時的文獻史料，如卷之終就增加了書籍、舊記、條款、捐書目録等新内容。書籍、捐書目録能幫助我們了解當時書院的藏書情况，舊記、條款也是我們研究嶽麓書院的第一手資料。《嶽麓書院續志》還補充了《康熙志》未收録的歷代佚文，是對《康熙志》的增訂和補充，人稱此二志爲《正·續岳麓志》。《嶽麓書院續志》各卷卷端題有『清泉丁善慶纂輯』字樣。此志體例嚴謹、分類清楚、獨具特點，是我們研究嶽麓書院歷史時頗有價值的參考書籍。

《養齋集》是丁善慶之曾孫丁鵬翥編定的丁家祖先著作『衡望堂叢書』中的一種，該叢書共4冊，爲鋼板所刻油印本，《養齋集》屬第四册中的一種。因丁善慶號爲養齋，故名之《養齋集》。包括政論文、詩賦、墓志等文，存稿有4卷，共68篇詩文，其中以詩賦爲最多。郭嵩燾爲《養齋集》作序時，説其詩賦『高出唐賢應制詩賦之上。而先生餘力所及，亦足以取證一代詩風』（郭嵩燾：《丁伊輔先生自課詩賦册·序》稿本）。由此可見，丁善慶的詩賦造詣是很高的。丁善慶現殘存的詩文主要有以下四類。

一是政論性的文章。如《李綱論》《汲黯論》《大臣法小臣廉賦》等。他的政論文有凛然軒昂之正氣。如《汲黯論》開頭就氣勢不凡：『……史稱漢武能受忠直之言，惡人欺蔽，然東方朔數效忠直節，至以誹諧遇之。汲黯願出入禁闈，拾遺補過，以其戆出爲淮陽太守，嗚呼！此武帝所以有晚蓋之悔嘆！』他善借歷史事實説明現實問題，語調抑揚頓挫，有沉鬱蒼凉之風格，一看就是老辣之筆。《李綱論》雖是論宋之主戰派代表人物李綱，但其目的是借譴責宋欽宗、宋高宗不抵御外侮導致國破家亡的史實，諷喻清朝廷不聽忠臣勸告，對外國侵略者屈膝投降的賣國行徑。李綱是宋徽宗時的宰相，其時，他力主抗金。後徽宗下詔禪位給其子趙恒，趙恒即宋欽宗。宋欽宗繼承其父衣鉢，也實行投降路綫。金軍攻占相州、浚州時，欽宗想逃，被李綱全力阻住。欽宗深惡李綱的主戰主張，罷免了李綱的相職，最後釀成『靖康耻』。對此，丁善慶深爲感慨，他説：『使欽宗能竟其用，則不至啓北狩之奇禍，惟不能竟其用，而遂舉國而爲俘囚。』（《養齋集·李綱論》，丁鵬翥編：《衡望堂叢書》第4册，油印本）公元一一二七年，高宗即位，作權宜之計，起用了李綱。但高宗其心不在戰，而在和，故起用李綱爲相75天後就將其罷免。一一三一年，高宗逃到臨安，終於落致『永嘉南渡』的可悲境地。文中又道：『使高宗能竟其用，則不至爲南渡之偏安，惟不能競其用，而遂舉國而稱臣於仇敵。』（《李綱論》，同上）又如他的《賦得曉策六鰲》，其中『横流河渡象，振策海連鰲』『擊水天風闊，浮山曉日高。六螭堪并駕，三島任將翱。法相雙輪涌，金銀萬頃淘。莽莽輕千裏，蒼蒼渺一毫』之句，氣勢磅礴，遒勁有力。高樹勛（與丁同科進士）説此詩『大筆如椽』。池生春（與丁同科進士）説它『高浪駕天』（見『丁伊輔先生自課詩賦册』稿本批語，下同）。此評論實不爲過。

二是描寫勞動人民的詩賦。如他在自課讀賦册裏就有《賦得全爲農家放麥秋》《好雨知時節賦》《賦得百花香裏看春耕》《賦得麥光》等。《賦得百花香裏看春耕》寫道：『芳甸春深裏，田家競勤耕。相呼惟力作，不斷有香生』，寫出了農村的勞動情景。

三是批評朝政的詩賦。丁善慶對當時受賄行賄的腐敗現象深惡痛絶。他在《大臣法小臣廉賦》中對爲官者提出警誡：『惟奉公爲能貞度，惟潔已乃能治人！』他希望爲官者能『凛守三尺之莫犯，既志氣常清』，能做到『立紀陳綱，羔洋素絲之無忝；懷清履潔，冰壺玉尺之堪珍』。而且，他認爲吏治的清明關鍵在上層，統治者的政策制度對國家起決定作用，而吏治的清明又是鞏固國家的基礎。他説：『朝綱正而玉階平，吏治清而金甌固。』他一生清廉，從不貪公家一絲一毫，他説要『將清白遺諸子孫』（《大臣法小臣廉賦》，載丁鵬翥編：《衡望堂叢書初稿》第4册，油印本）。朝政腐敗，受難最深重的是廣大勞動者。丁善慶面對勞動大衆的疾苦，向統治者提出了『惟民爲重』的主張。他深知『水能載舟，也能覆舟』。

他嚴於律己，并説既在官位，就應該『後天下而樂』，這樣纔『能悦諸心』（《用天下心爲心賦》，載丁鵬翥編：《衡望堂叢書初稿》第4册，油印本），他説的『諸心』指的就是民心。他處處關心人民。《湖南通志·列傳》記載他遇到『民生利病，所在悉言無隱，首納數十金爲衆倡，家故無中人産，節縮衣食以應之』。

四是描繪大自然美好風光的詩賦。這一類詩賦較多，也頗有藝術特色。如《榴花賦》，對榴花進行了細緻描寫，賦中『灼灼榴花，枝枝芳圃，雲帶火而齊飛，星流丹而足數』寫出了榴花奪目的光彩、茂盛的景象，用『飛』『流』等詞凸顯了榴花的動態特色。又如，『留五月之春光，不同小草；映三山之曉日，競賞名花』，寫榴花生長的季節，用小草、曉日、名花來作陪襯，顯得變化無窮。又如，『他日水晶嚼破，群知潔白之在中』這一結尾收束圓勁，寫出了石榴的本色。當人們剥開火紅的石榴時，就會發現裏面的果實如水晶般剔透，而這晶瑩的果子却藏而不露。這一描寫確實能引起人豐富的聯想。黄爵滋稱此賦『格練辭研』。又如他的《賦得山梁悦孔性》中，『天地同流者，山梁或遇之』之句也是自然流出，毫無雕琢之痕。他寫的《賦得花塢夕陽遲》整篇都顯得流暢舒展，寫出了春天燕子歸來、花香鳥鳴、蜜蜂忙著采花粉、紅花緑葉長滿了樹枝的熱鬧景像，使人感覺到春天的美好，更加熱愛大自然。詩中寫道：『有意雲難暝，無言漏出知。蜂聲忙上下，燕影掠參差。永日舒吟興，春葩正滿枝。』這些詩賦與他的政論文風格迥然不同。他的政論文氣格蒼勁，壯闊軒昂，而他的詩賦大部清和朗潤、秀骨亭亭。故他的忘年交郭嵩燾説他『詩賦輕倩綿麗，怡神悦色，循之而無滯機，挹之而有餘妍。以知國朝館閣體，高出唐賢應制詩賦之上，而先生餘力所及，亦足取證一代詩風。』（郭嵩燾：《丁伊輔先生自課詩賦册·序》稿本。又參見《郭嵩燾詩文集·丁伊輔先生館課藏本書後》，岳麓書社一九八四年版）他的詩賦已形成自己的風格。

縱觀丁善慶一生，他恪守良知、憂國憂民；獻身教育、實踐躬行；教士嚴整、學問博通，不愧爲湖南近代著名教育家，爲湖湘教育作出了重要貢獻，值得後人銘記。

本書分爲三個部分。第一部分收録了丁善慶初入翰林院時自課詩賦25篇，均爲先生墨寶，每篇詩賦均有會課同年諸先生（如常大淳、黄爵滋、池生春、王廣蔭、高樹勛等）的批語。詩賦册還有郭嵩燾、陳榮昌、楊兆麟、吴慶坻、吴士鑑、吴憲奎所題序跋，亦均爲諸先生手迹。此外，還附有『會課諸先生道光癸未會試同年名録』、『翰林院侍讀學士丁君墓志銘』（曾國藩作）、『縣志列傳』一則、附録縣志一則。

第二部分收録丁善慶詩文13篇，其中11篇録自丁善慶曾孫丁鵬翥編校的丁氏家族著作《衡望堂叢書初稿》第4册，油印本）。二十世紀五十年代，丁鵬翥請人刻鋼板油印數十册，每位子女分發一套，以望後人不忘先輩，同時亦送省圖書館以作館藏。因筆者父親爲丁鵬翥長子，故祖父將自己用硃砂親筆點校的一套送給了父親。該書歷經風雨，得以保存至今。另兩篇一是爲嶽麓書院學生劉長佑寫的墓表，一是爲江忠源詩集寫的跋。

附録收入了『湖南通志列傳』、丁鵬翥親筆撰寫的『十六代善慶公年譜』和《湖南省志·人物志·丁善慶》（一九九二年湖南出版社出版）。

第三部分爲丁善慶任書院山長時主持纂修的《長沙嶽麓書院續志》，本書據嶽麓書院館藏清同治六年（一八六七）刻本影印本影印。本書有四卷及卷首和卷末。

丁平一，二〇二四年四月八日於長沙

目録

上

目録

二 《養齋集》卷三詩文……八五

下

丁佇軒先生自課詩冊

唐開元中置翰林院備顧問為文學侍從之臣無專職其後分掌制誥與機務至宋遂以知制誥為專官元制翰林兼國史院乃有修撰編修檢討之名然猶與諸寺司相出入明因以文事專歸翰林翰林轉官不出本署與諸司別殊鄉會試考官專取之翰林蓋歷代翰林一官供奉內廷為天子近臣而其體制日益於隆明初定制以翰林儲宰輔之用俾諳掌故

加館職加其地望清要莫與倫比而其職司專
在文章
國家承平隆盛時上有
稽古右文之
君翰林之才非是爲盛始
詔以詩賦策論試其文筆之高下以爲黜陟謂之大
考其恩遇尤隆其轉官尤速自是相沿爲故事而

廓聖代在楷法視乾隆時宏博雄麗之才有閎美而相與討論標新領要爭自琢磨以求極其指沖容和雅對揚休命猶想見論思獻納之盛奇佩蒼彣彣然其大父伊輔先生館官編脩館課私試所為詩賦雄壯之文裝成巨冊屬茲題其後竊惟先生道德志行為時軌範鄉人尊事之無異辭而其詩賦輕儁綿麗怡神

悦色，循之而無際，攟摭之而有餘妍。以知
國朝館閣體高出唐賢應制詩賦之上，而先生餘
功所及，亦足取以證一代之風尚有如是也。至其楷法端勁，
圓規折矩，允如柳誠懸之言，原本正心之學，即此亦
足推見其生平。佩蒼慎守而寶藏之，蓋不徒為魏
公之手物、甘棠而已。時光緒十有四年戊子春二月
湘陰郭嵩燾敬書

一　丁伊輔先生自課詩賦册

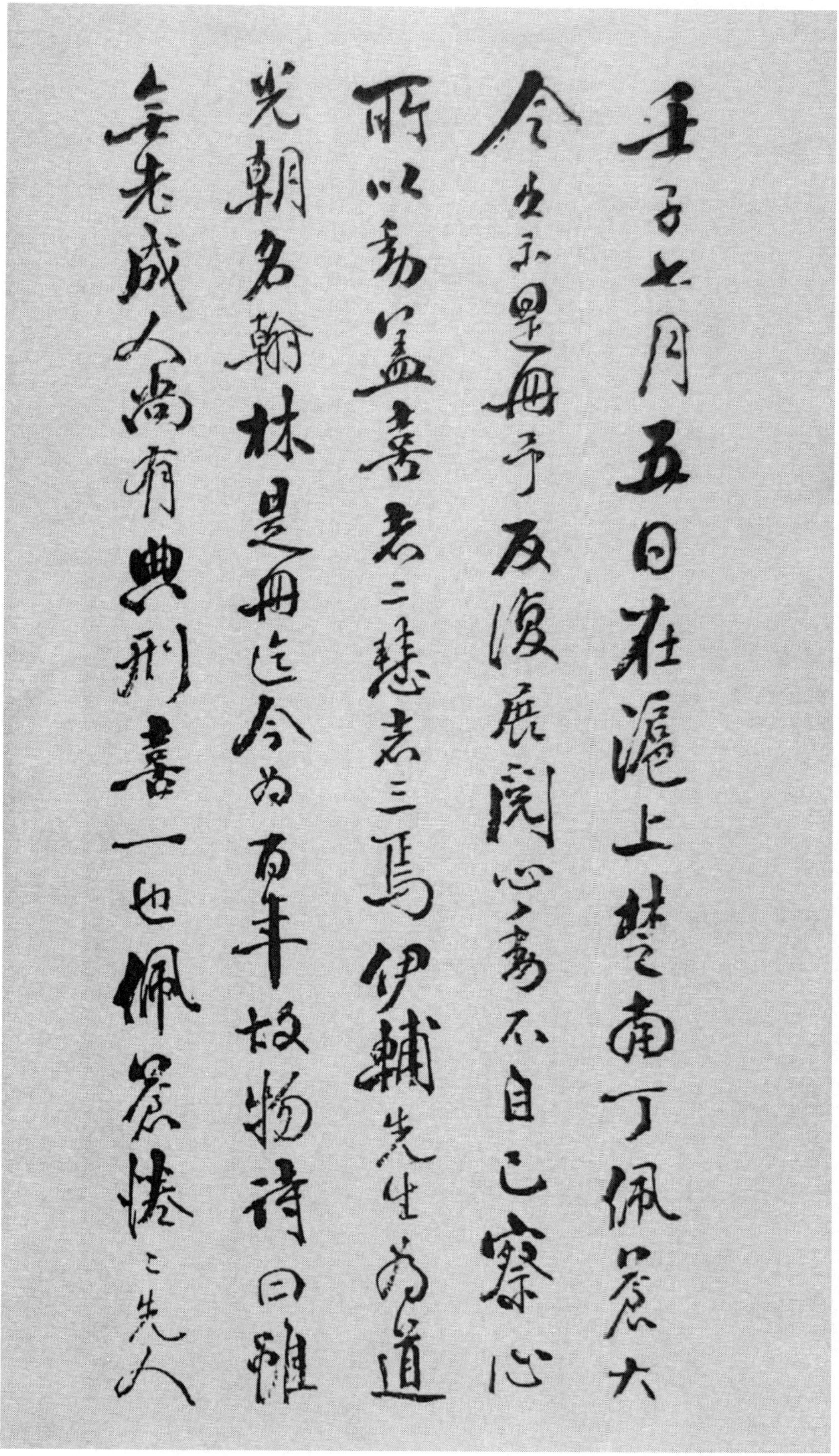
壬子七月五日在滬上楚南丁佩罳大
令出示是册予反復展閱心々為不自已察心
所以勤篤善書者二慧書者三焉伊輔先生為道
光朝名翰林是册迄今為百年故物詩曰雖
無老成人尚有典刑書一也佩罳拳々先人

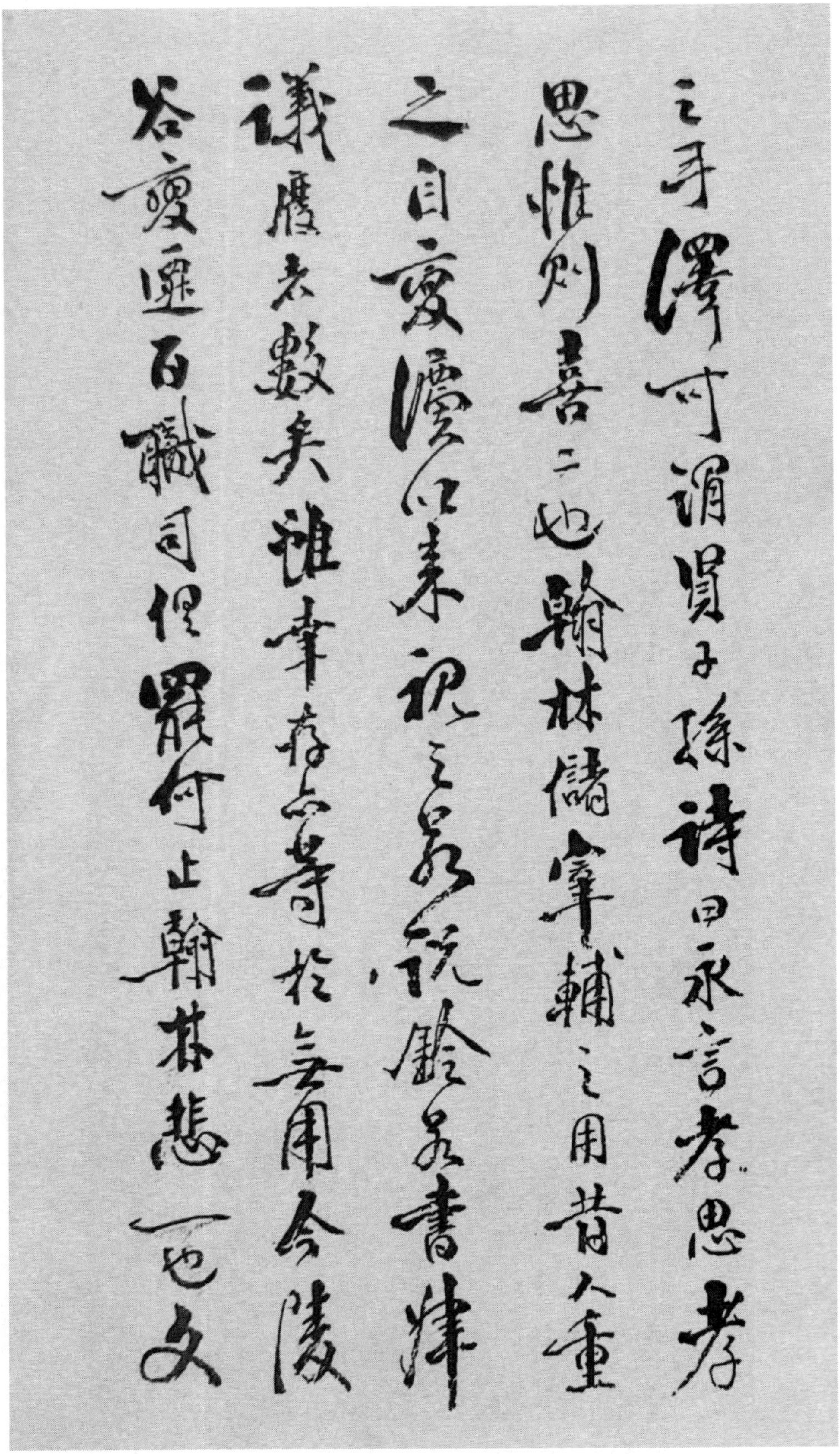
之手澤可謂賢子孫詩曰永言孝思孝
思惟則嘉之也翰林儲峯輔之用昔人重
之自變遷以來觀之或說餘見書律
議歷來數矣誰幸存焉等於無用今陵
谷變遷百職司俱罷何止翰林悲一也文

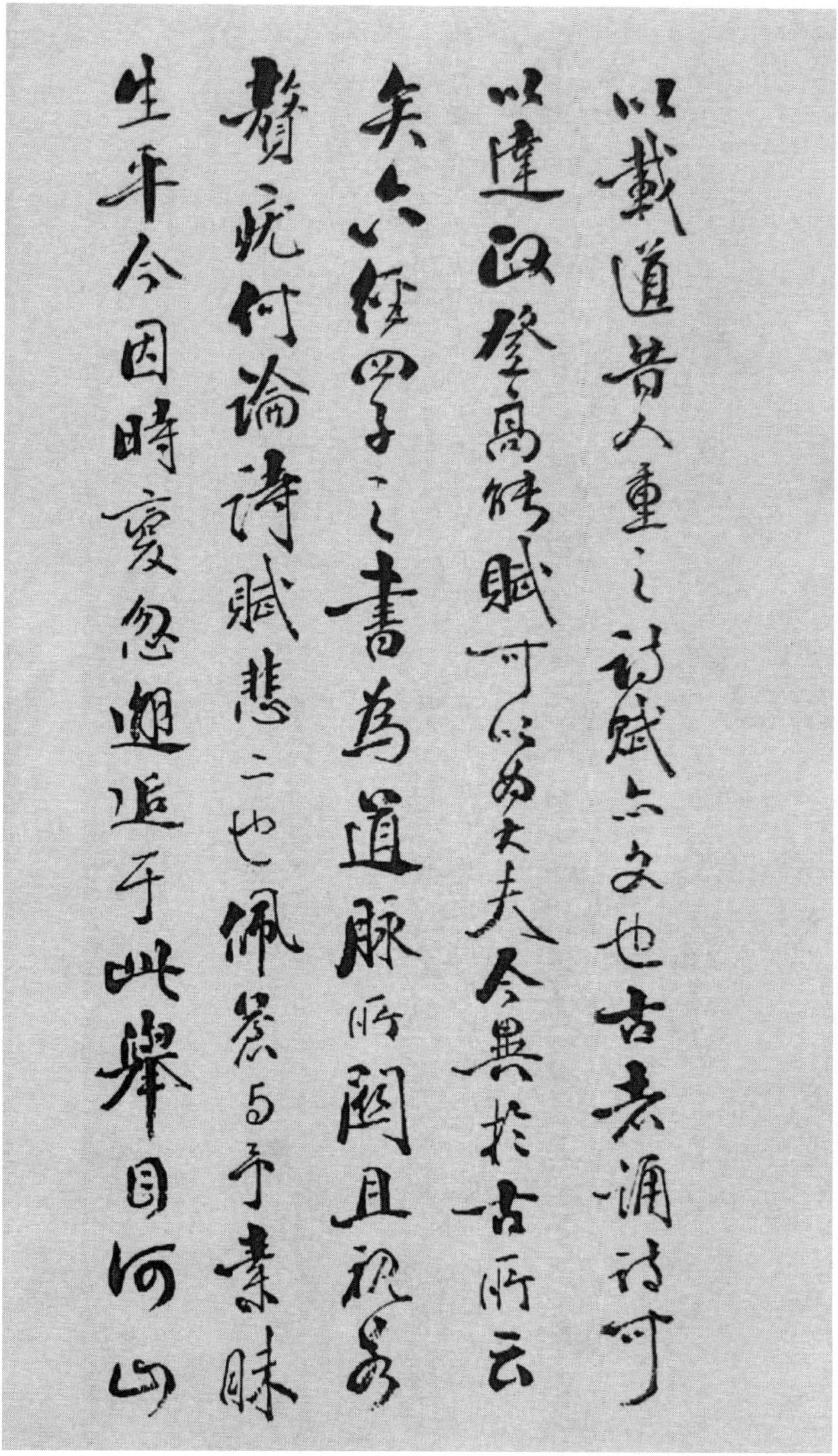
以載道昔人重之詩賦亦文也古者誦詩可
以達政登高能賦可以爲大夫今異於古所云
矣亦以經學之書爲道脉所關且視爲
贅疣何論詩賦悲悲也佩服吾子素昧
生平今因時變忽邂逅于此舉目河山

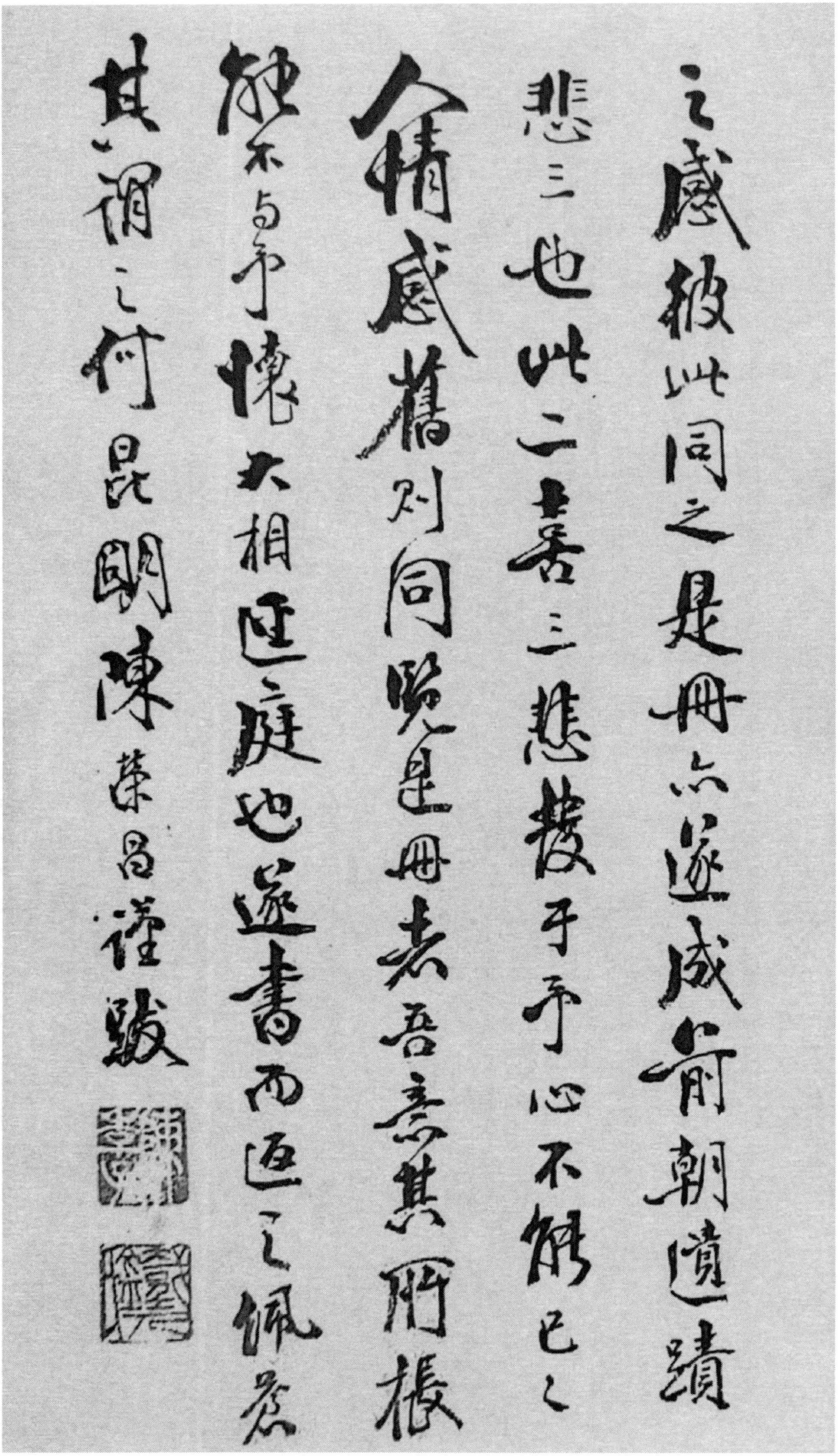

之感彼此同之是冊亦遂成前朝遺蹟悲三也此二者三悲擾予心不能已已情感舊則同覽是冊者吾意其所悵雖不與予懷大相徑庭也遂書而還之佩蒼其謂之何

昆明陳榮昌謹跋

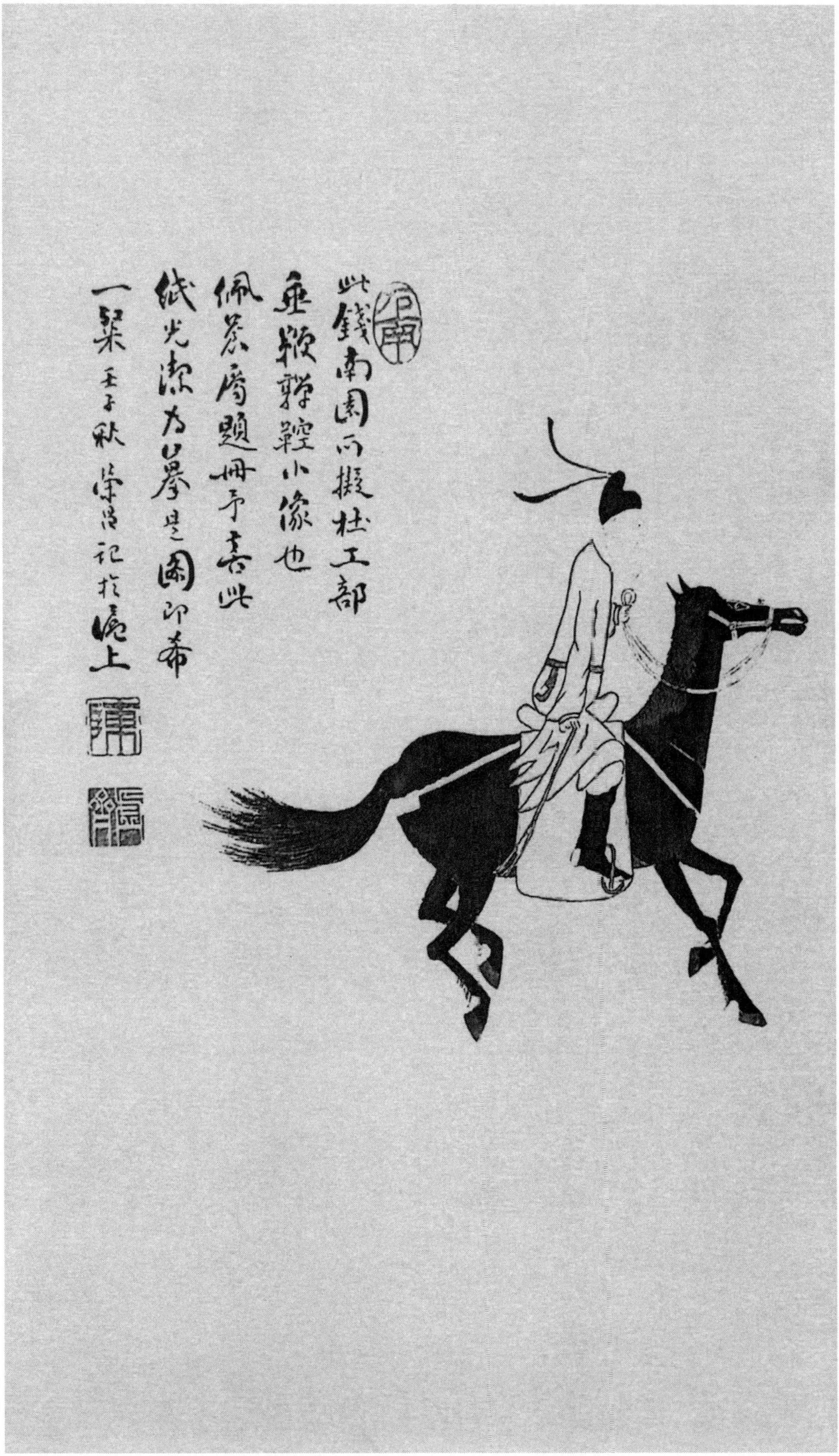
此錢南園所擬杜工部
垂鞭嚲鞚小像也
佩蘅屬題冊子書此
紙光漵為摹是圖即希
一粲　壬子秋　崇恩記於滬上

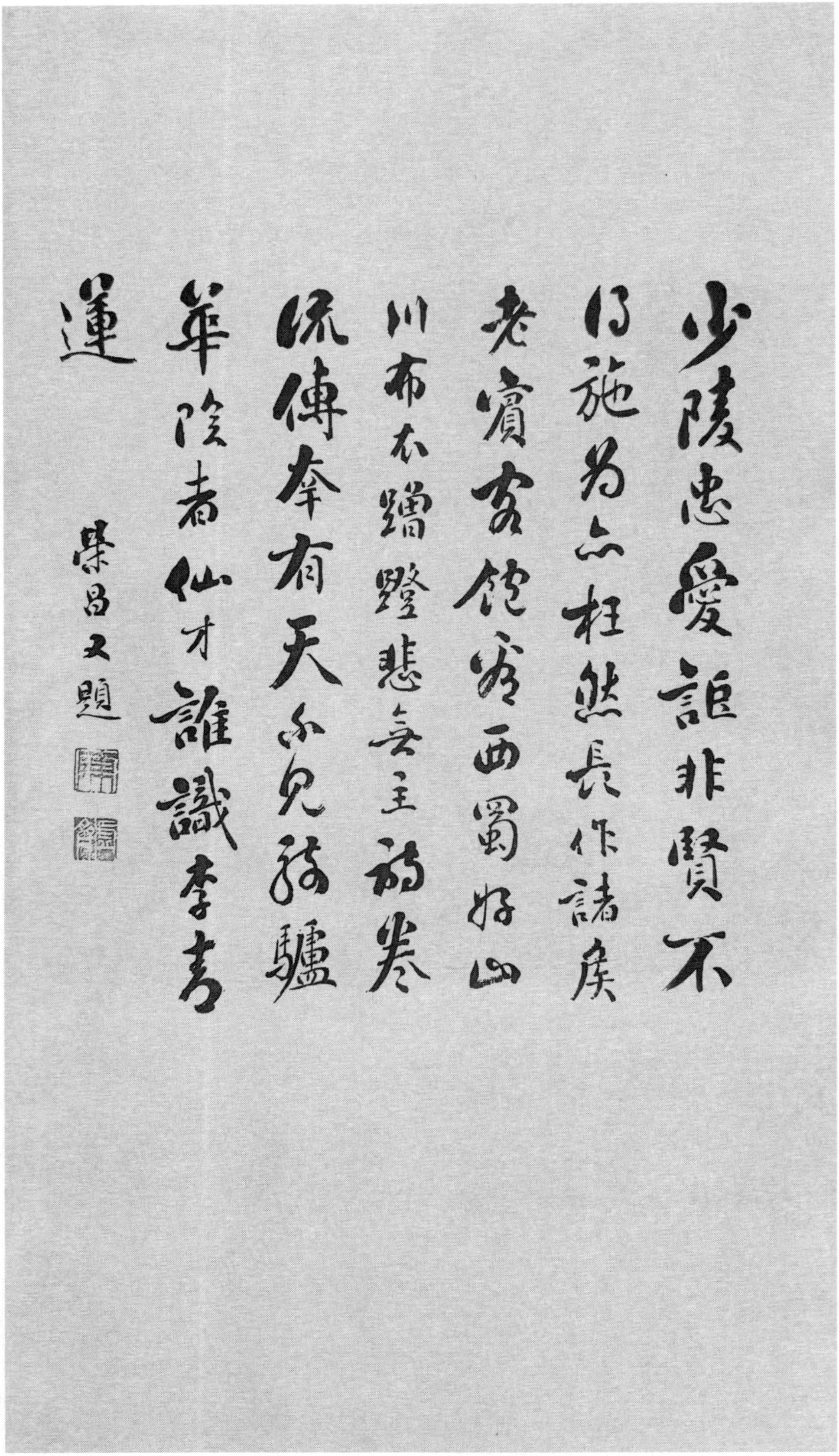
少陵忠愛詎非賢不
得施為亦枉然長作諸侯
老賓客饑寒西蜀好山
川布衣蹭蹬悲無主詩卷
流傳奈有天不見騎驢
華陰者仙才誰識李青
蓮
崇昌又題

伊輔先生此冊郭侍郎及陸虛齋師兩跋其於翰林職掌之源流學術之變遷言之綦詳矣兆蕃之入翰林在倡議變法之日時論皆以小楷詩賦無裨實用排擊最力未二年遂罷科舉大考亦廢不復試其以文學爭自濯磨者遂闃然無所聞見然其中有心之士方廣求異聞或走海外游歷冀以實學濟世而

謹篤者亦束身自愛翹然以清貴相標異不屑與
雜流爭一日之進取蓋自唐以來千餘年間賡續
迭嬗文章氣節著為風尚視他署特異非偶然也
論者或謂咸同中興之業半出儒臣而陽九百六之厄乃
無一人足以持氣數之末不知咸同承右文之後內而卿貳
外而督撫翰林十居其九自變法以來京師十一部督撫

二十一人而出於是途者乃不過三人登進多則人才自見
況廢久則効用無由一代之興廢雖曰天命亦豈不由人
事哉兆蕃況摩挲此冊有所悵觸故微論及之後之覽
者豈徒視為丁氏數典之資已哉壬子七月初九日
遵義楊兆蕃敬跋於上海寓廬

光緒癸卯慶坻視學湘中時方議廢書院改學堂郡人士斷斷爭之乃諍於撫軍留校經孝廉二堂以經義治事分課窮經學古之士而嶽麓書院為橫渠濂溪紫陽往來講學之地卒不可復湘士大夫為之往者清泉丁學士伊輔先生主講嶽麓二十餘年教士嚴

整成就甚眾曾文正公所稱以洛閩正軌陶
鑄羣弟子者今士習日益漓求如丁先生之
以身教者邈焉不再覯相與歎息久之後數
歲科舉廢士多歡新慢故益慫爲躐競
憲政既行蜩螗羹沸馴召大亂遂成土崩瓦
解之勢學術歧誤既變乃作豈一朝夕之故
哉比歲蟄伏鄉里丁先生之孫佩蒼大令以

先生所書詩賦冊子見示蓋初官翰林日與同
館諸公自課之作當
成廟之初海內承平無事詞曹清暇從容論思
其職掌宜然後十五年而海疆多故又十年而
東南寇亂起先生早告歸事親以孝捍難
以勇与門弟子相砥以學卒登大年躬見
中興之盛嗚呼可謂難矣慶垠昔出長沙王

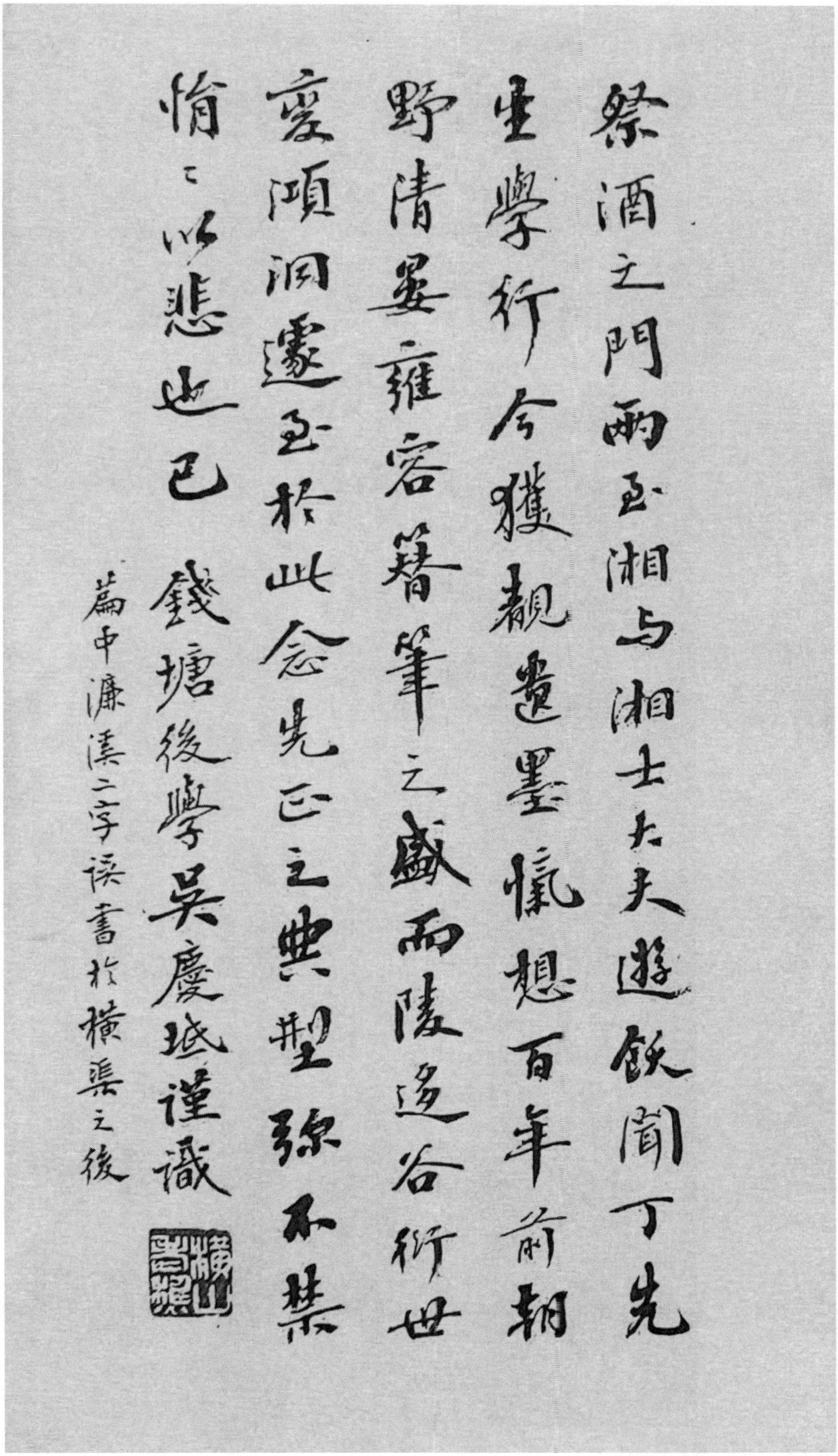

祭酒之門兩至湘與湘士大夫遊飲聞丁先生學行今獲覩遺墨慨想百年前朝野清晏雍容簪筆之盛而陵遷谷衍世變澒洞遂至於此念先正之典型彌不禁悄悄以悲也已 錢塘後學吳慶坻謹識

篇中濂溪之字誤書於橫渠之後

詩賦試士昉於唐代本朝二百年来沿襲舊制名儒碩彥往往由此致身當其迴翔館閣研究聲律不得不遵爲軌範也長沙丁伊輔先生承其外大父劉文恪之

緒為道光朝名翰林官至學士浸將
大用以母老乞歸蒸〻色養教士有
法能衛其鄉曩讀曾文正所撰墓
誌心竊仰〻頃先生〻孫佩蒼太令
以先生所作詩賸冊子見眎敬讀一過
具見先正典型迴憶癸卯冬自南昌使

還李文幼梅以其先德文恭公子館課
詩賦屬題時庚子亂定翰林舊署燬
於兵燹方移建於鑾儀衛門西首玉
堂已不勝滄桑之感今則移朝改朔官
制盡更不獨劉井柯亭幾同天上即
翰林新署亦付諸夢想之中因讀

先生遺稿連犿及之顧佩蒼永寶勿
失匪一家之世澤亦詞林之掌錄也
戊午秋八月錢塘吳士鑑謹識
篇中長沙為清泉之誤

清泉丁伊輔先生為道光時名翰林其卒也湘鄉曾文正公為作墓志述其行誼曰公曰毅曰勇曰誠而推本於仁孝憲奎叢讀是文輒景仰愾慕不能置歲戊午吏隱於鄉獲交　先生之孫佩蒼己未春佩蒼出示　先生所書詩賦冊先民矩矱流露於楮墨閒家脩老喬梓分題簡端於文運之升降世變之奇詭深致慨焉抑憲奎更有進者佩蒼負經濟才仕浙為

令所至有政聲其任事公毅勇識殆有具體之美願
益自淬厲不為唯阿以求悅於世不因挫折而屈撓
其志庶幾克繩祖武無忝仁孝佩蒼勉乎哉
乙未上巳後學吳憲奎謹識

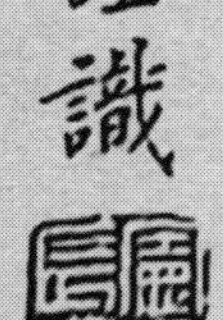

君子所其無逸賦 以先知稼穡之艱難為韻

道窺化始德慎幾先惟無逸之垂誡必居（題甚深）
所而不遷自來帝王登三邁五越後光前
所由百姓為心躋斯民於仁壽羣生在宥
措斯世於蕩平（安全）未有不重以為戒而守之

彌堅者也稽成周之故事有宰衡之進規
我聞在昔王監于茲凡七更端如傳歎息
稱四哲后用啓深思陳善閉邪之臣既匡
既飭保泰持盈之主不可不知倘或逸不
能防居之多暇學于古訓不日就而月將
人代天工不早朝而宴罷違虞帝之日覲

以服以車與夏后之時巡省耕省稼何以
下資九壤之生上仰五辰之化故必去泰
去驕惟寅惟直無怠厥心無荒厥德無事
補苴無矜粉飾圖始惟終至誠不息豈但
行方禹迹在司馬之詰戎言矣殷盤若農
夫之力穡然而建五有極奉三無私兢業

惟日張弛惟時無逸於前而初基易懈無
逸於大而細微或遺則是非幾冒貢物累
潛滋彼從後時力為補救者不若先事克
自維持之夫惟灼知所止致慎其間動靜
府字 之生
交養歲月往還確乎不違而奉若凜乎遺
大而投艱所為懷殷飢渴念切痌瘝無時

不然敬作所而萬民是若如天之健辰居

（原字俱典初）

所而列宿是環我

皇上謨彰九德書契七觀揭要於惟精惟一圖

艱於已治已安無逸呈圖

大規模於

黼座所止至善

肅綱紀於
朝端又何待迪知之是易乃逸之責難也哉

賦得竹露滴清響 得清字七言八韻

翠合萬竿篩月影珠垂千顆化雲英露華
滴處聽逾靜竹葉傾來響更清此景關懷
原灑落無聲入夜卻分明玲瓏戛玉圍欄

亟。沆。瀣。霏。瓊。著。屑。輕。小簟未須驚蝶夢。隔

簾時復應鼉更。恰宜松徑琴三疊。可。愛。蓮。

位置恐高

山。鶴。一。鳴。仰浥華滋

恩倍渥。平添佳致韻初成。朗吟夏日襄、陽、句。香

為荷風特地生。

層次扶蔬矩矱唐賢 弟彥讀

擬李程日五色賦以德動天鑒祥開日華為韻

乘五位以當陽斂五福以錫極騰瑞氣於五方表日華之五色懸象而飛熠熠之龍鱗踆烏而振翩翩之鳳翼麗於中天符於上國莫不仰至治之庥嘉其斯為聖人之耀德懿夫日者羣陽之精萬象之總升瀛海而陸離軼塵埃之塕埲

乾健運行離明空洞信一德之同符奄六螭而
自董豈比夫芙蓉出水映鳳沼而偏明玉仗迎
風掣龍旂而欲動時則光澄碧宇氣霽藍田紅
輪乍吐黄道高懸風車乘而玉葉金枝之共麗
羲馭攬而翠華黄屋之齊鮮簇錯繡之遥屬比
摛錦之相連觀丕冒於出日知聖德之同天於

是執筆氏書百辟之詞曰典籍乎皇王語畧其浮汎惟德馨感而鹿使呈圖寰宇清而虎賁脫劍乃述分命於堯典畧同其賔於東而餞於西考眂祲於春官要殊於三曰鐫而四曰監是蓋天華蔚而為日華因之日鑒昭而為天鑒則見升彼若木拂於扶桑粲兮若矞雲之成三色爛

兮若朱霞之散九光青白相交詠景星之歷歷
元青盛得映甘露之瀼瀼堪比黃人之守誼同
赤烏之祥所以方隅式煥圓象重恢無私同乎
覆載有耀徧於埏垓天晷仰澄大四表之光被
珠輝旁燭信五德之兼該咸瞻仰而無極真瑞
景之初開良以天之氣積於虛日之精麗於實

惟一人執極而函三斯五色成文而不一既抒
傾藿之忱欲罄陳圭之術好憑朶雲烘去如判
韋陟之箋若教花管繪来定屬江郎之筆必三
霊之順序施象於堯年聿五采之彰施垂裳於
舜日彼夫有冠在上兩珥旁加再中誌異復旦
呈嘉跳流珠而散采紀合璧而非誇未若茲之

同美於太昊。疇德於皇家。騰光於宇宙。引耀於幽遐。時庶徵之來備。乃五色之紛葩。故、聖、人、憲天。居、則、觀、象。而、朝、日、獻、瑞。名、曰、鬱、華。

賦得一葉兼螢度得兼字五言八韻

高樹新秋爽。良宵敞畫櫩。流螢飛乍度。落葉暗相兼。熠燿光分小。飄颻翠合尖。無。聲。

青影墮有耀綠階添未覺因風亂多緣帶

露粘撲仍揮素扇巧不入疏簾雨後看微

脫燈前近可拈須臾林際漏清徹上銀蟾

摹擬唐賦局度整齊筆亦輕脫

詩流走雅秀

好雨知時節賦 以須臾慰滿三農望為韻

若夫波光綠縐草意青蘇昨夜生而寒退半空藹而雲需鳳城春到鱗隰膏腴若先知夫稼穡乃應節夫璿樞蓋隨萬物者時用本期於不忒而潤百穀者雨殷尤見其相須爾乃太和醞釀陽氣蒸濡點霏煙而

淅瀝痕帶霧而模糊雲葉吐而好山難佳
花枝濯而好風與偶樓臺則萬家春樹郊
原則一帶平蕪占潤下於五行瑞呈盈缶
快流甘於十日象協止臾蓋夫雨之貴乎
時也麥隴霑濡黍苗灌溉砥壤喜其油如
桑田觀其零既布濩林皋滋生品彙泰以

交天地之和恒以通山澤之氣崇朝而雨（恒似宜作咸淺）徧天下必氣志之先開上尺而生滿寰區乃蒸黎之克慰而時節之望夫雨也若律之中筒若灰之飛管若縷縷之難差若銖銖之計算嗤抱甕於泉流比連筒於竹疃早一候則已多遲一日則已緩維其時矣

淺深皆得其宜有以節之泗澤不嫌其滿
似未愜
其尤樂可知都聽鳩父老荷笠丁男器輿
似欠圓　竹
未耜畝盡東南詎待決渠之降不占潤礎
之舍雲無心而寸合風有意而潛探順農
時以優渥盛農節以滋酣若有知都啟其
心徵原備五聚而雨之無不足階應符三

時則
天子方將躬耕
帝耤○祈穀
天宗○一誠萬福○節序時雍○卜金穰而嵗稔○調玉燭
而年逢○雨靈膏溥○雨洽化醲○綠野交融○既
依旬而按候○

翠華至止爰敦本而勸農觀夫旭日初晴溼雲作漾良苗茁而懷新嘉種敷而增暢既好詠夫及私實好歌夫有相作肅而雨咸需紫極之恩曰食惟時允副蒼生之望

賦得山色湖光共一樓 得樓字五言八韻

模範山同水空明共一樓淩虛三面倚助
我十分幽嵐色葱龍活湖光澹蕩浮天開
藍欲潑風捲翠堪揉界練泉飛瀑拖雲碧
滿幬齊當雕檻湧都向綺櫳收仁智全身
現丹青六幅留
御園饒勝境八極豁心眸

平正通達出色當行

年伯恩拜讀

三月朔大淳讀

初二日弟勳讀

弟品芳讀

弟名棠讀

弟廣蔭讀

宗弟齊岳拜讀

賦得上苑春鶯隨柳囀　得鶯字五言八韻

隨處春光滿○班聯（二字欠切）
上苑晴○千行排細柳○百囀聽流鶯○來○去○梭○頻○織○低○（施字出）
昂○絮○作○縈好音藏不住○新樣巧相生○露○重○依○（句欠雕）
龍○沼○風○高○雜○鳳○笙○紛○披○皆○妙○緒○宛○轉○應○和○聲○開、閶、（流麗）
天閶近○趨承玉佩清○乘時欣羽植○同此荷

昇平

賦得全為農家放麥秋 得農字五言八韻

雨暘廑
聖慮全為有秋逢計候剛宜麥時晴已慰農風纔涼
首夏雪早足三冬況復天膏沛因之旭景從雉
飛田上下人立畝橫縱氣潤晨猶積香來午正

濃。特開連日齋。俾獻兩歧庸。須信般

祈實。綏豐自

九重。

賦得下筆春蠶食葉聲　得聲字五言八韻

鎖院羣英會。文章下筆成。生。花。揮。兎。穎。食。葉。聽。

蠶。聲。陣陣抽思迅。津津入理瑩。氣先吞未到。神

盡寫如生宛似因風戾剛逢上簇晴經綸宏作
育黼黻贊
昇平漫比穿芸飽還同吐綬縈定知雲錦就鳳翮協
和鳴

賦得下筆春蠶食葉聲 得聲字五言八韻

無譁文戰勇下筆即春生管喜翻花樣蠶疑食

葉聲芰然含露滴沃若戾風晴腹蘊津津理思

抽乙乙情簇新纔脫口酣暢更分明漫比穿芸

飽誰誇吐綬榮千軍憑掃去一氣遂呵成黼黻

襄

虞陛高翔協鳳鳴

賦得四時為柄 得時字五言八韻

羲卦謙爲柄。箕疇備曰時。

執中成至治。

作則本無私。符握三階泰。樞旋四序隨。鴻鈞原在掌。

烏紀亦分司。日月昭如揭。陰陽順以推。舉焉斯

不忒。措也乃偕宜。鼓動梈誰秉。車行斗自麾。

乘乾

皇建極庶績奏咸熙

賦得山梁悦孔性　得時字五言八韻

悦心機不滯性體聖無私天地同流者山梁或自然流出

遇之涵虚參太古有得總如斯禽語相關樂云

生自足怡境符仁者樂懷與達人期歸詠神俱

適行藏理共推從知安所止都是妙乎時茂對

延

宸豫。

摛毫契孔思。

賦得君子以虛受人 得咸字五言八韻

虛其中以受。君子取諸咸。順可期來應。神原感

至誠。占茲流澤匯。象若在山巖。止止淵乎靜。空

空悟不凡慮惟求一得奧孰祕三緘小慎居高

積深資潤下醎有容斯可大成見早爲芟蕩喜

歸

皇極猶懷易教嚴

賦得蠶月條桑 得桑字五言八韻

蠶月眞忙月桑條兢往條高枝憑手掇密葉喜

筐篚翦快雲陰破鈎纖月影描膩進新雨過庚

待好風飄隔樹鳩頻喚前村侶共邀擕之歌采

采沃若詠翅翅畢歲厓衣計當春驗物韶顧將

操作意圖繪獻

天朝

賦得百花香裏看春耕　得耕字五言八韻

芳甸春深裏田家競勸耕相呼惟力作不斷有
香生恰愛千疇接渾如百和迎面從楊柳識眼
覺杏花明摛錦全含潤秧分喜放晴風清疑餉
黍雪白憶炊秔
宵旰祈年意人家最樂情惟馨昭
聖治頌德徧寰瀛

賦

賦得龍池柳色雨中深　得深字五言八韻

龍池千樹好一色冒春潯柳浪連桃浪雲
深更雨深作秀姿濯濯殊覺碧森森似冪
爐煙重女霑甕露沈汁濃真可染鏡澈喜
長臨細草平鋪鄰流鶯遠度音散絲霏宿
靄密葉蓋層陰自沐

恩波濶[舌]晴光滿　濶

上林

賦得人語中含樂歲聲　得聲字七言八韻

太和元氣埏垓暢吐語都含

盛世情大熟史應書歲有偶談人總報秋成關

心喜溢家家慶入耳歡騰處處聲再熟三

登誇黍稌五風十雨說陰晴栗紅珍重看
盈室華白殷勤合譜笙就話桑麻須把酒
早輸租稅當稱能樂從天下占豐稔望協
宸衷想治平
節儉更廑康阜慮
堯衢億載頌咸亨

九月重陽節弟蔭甫讀

賦得曉策六鼇得鼇字五言八韻

橫流河渡象，振策海連鼇。擊水天風濶，浮山曉日高。六螭堪並駕，三島任將翺。法相雙輪湧，金銀萬頃淘。地維從此立，人力總嬨勞。莽莽輕千里，蒼蒼渺一毫。放懷淩絶壑，同抃溢洪濤。紫禁賡揚盛，奚崇李杜豪。

筆力悉敵 批

氣象萬千 評

連字擬易駢字，似與策字稍貫 批

實大聲宏 批

雪洞氣象 生批

蒼蒼大方流

淩壑二字似不貫 批

天筆如椽 批

排空豩氣高浪加駕天 生批

壯濶 傳

賦得不著一字得風字五言八韻

含蓄傳詩品何須一字工水流花放外雪積月

屬對工妙流

明中點墨原無著靈機信不窮麗看初出日清

出字似與題未洽　竹喜

比穆如風芥蒂藏都化胭脂買詎同新思抽

乙妙手擅空空禪假三乘悟儒惟六義崇揄揚

宣

聖德○大筆想文鴻○

吳八瞻顧稱題畫後　水流一碟白雲含妙　蓬讀

棧祥浣鶴　佺讀

含洞湘清　淹淮

十月十又日　霽浣拜讀

第四句撇易草木
蔚諸華何如 生君

奕奕有神 常注

賦得皇皇者華 得華字五言八韻

使者輶軒出皇皇景物嘉山川增氣象草木亦

句亦從脫潁

葩華錦繡心同賞光明眼豁遮無私深雨露到

壯 殊 尤 雅 在

處蔚雲霞四照然千品雙麾策五花香從風裏

清詞麗句流

六句瀏亮 小生

燦 凑

遠程計日邊賒桃李三年樹神仙八月楂收回

繁花之筆 小生

旌節種珍重報

結語得體流

結處尤妙在雅 常注

摹繪有神 謹注

天家

賦得花隝夕陽遲得遲字五言八韻

撲人花氣遠斜景一天遲為愛藏春隝常如韻（運化生新，備注）

午時光陰添活潑濃淡足手姿未許金能買渾

忘檻可移香多留繡幄風軟駐游絲有意雲難（運遲字入微流）

暝無言漏出知蜂聲忙上下燕影掠參差永日（雲久工）

德和朗閱

舒吟興春葩正滿枝 圓通 生氣 秀骨亭亭 傍注

賦得麥光 得箋字五言八韻

雪箋揮毫日風光養麥天當牕多秀色著手有

五字修藻精傍注

流麗

餘妍滑似春膏渥明如夜月懸帶香連藝圃分

句字直拗

潤近芳田細細花勻墨浮浮浪捲烟青僧編竹

細賦風光流

好綠勝裁蒲鮮貴論研都價平隨砥石緣鋪雲

當進

御。不數海苔箋。

秀色可餐處。

組織工穩 謹注

西山爽氣 勉注

賦得初篁苞綠籜得初字五言八韻

叢篁當首夏新綠映階除戢戢成苞後斑
斑解籜初青筠垂露密翠葆挹風疏節抱
干霄勢清宜夾水居鞭抽驂篠出綳脫錦
衣舒粉拂霜華細烟含玉潤餘蘂香原並
擬松茂可相如百尺堪巢鳳來儀瑞屢書

榴花賦 以五月榴花照眼明為韻

若夫拂檻清風，濯枝細雨，生意向晨，晴光破午，灼灼榴花，枝枝芳圃，雲帶火而齊飛，星流丹而足數，佇結離離之實，擅佳味於秋三，先揚熠熠之華，豔奇姿於夏五，爾其赬玉雕芽，赤瑛儲骨，鴆炫紫而層開，階縈

句法篇法具體唐人淳注

襯草藉切不浮

紅以疊發珠光的皪帶曉露而偏明碧葉
繽紛幕生煙而未歇碎珊瑚之七尺萼燦
朝霞堆火齊之千重枝燒夜月若乃塗林
使返安石名留遠塞相貽似報梅花之信
近郊遍植非同苜蓿之求槎迴星而耀目
園圍錦以迎眸乍拂簷牙條長風過微明

屋角蘂綻雲稠豈止鬚點河陽之樹花開翰苑之榴至，如攜來野圃藝自山家遥分幾朶之奇參差掩映隱占千巖之秀絢爛紛華攬羣英之繽紛蔚上苑之雲霞留五月之春光不同小草暎三山之曉日競賞名花又有植用瓷盆根移海嶠赫如列燧

記庭燎之輝煌明若扶桑喜蓬瀛之朗耀
不妨盈尺之高早軼中書之妙層層絳萼
似絳節之雙聳點點丹心更丹華之四照
惜華條陽
種類殊名方興異產或譜頓遜之珍或紀
究與律體不合蔭匡
廬山之版或和韻於皮陸或比形於椀琖
葩紛藹而彌多情繾綣而何限他日水晶

嚼破羣知潔白之在中此時金谷遊觀不
收束圓動
礙繁華之滿眼是則志同葵向迹近槐清
究繡衣之類灼動青盼之真誠密密攢柯
總微丹之易見熒熒吐蘂覺衆綠之難爭
洵一庭之有耀俾兩目而俱明
格鍊精研

賦得清曠招遠風 得風字五言八韻

田園何所有樂事與人同地曠高容樹天
清遠受風引來當檻戶邀去過蘭叢軒敞
乘時赴塵消隔徑通迢迢羣木外習習一
窗中洞徹開重闥扶摇接太空穆如澄俗
慮渺爾契虛衷祇為宣揚重延薰滿
帝宮

不脫迢迢二字

翰林院侍讀學士丁君墓志銘

曾國藩

君諱善慶字伊輔號養齋丁氏世居清泉之白沙里幼孤從母劉太淑人育於外王父劉文恪公家自少而好惡欣戚不主於己惟母志之從長亦如之終身亦如之久處京師寄籍宛平由順天府學生中式道光壬午科舉人明年癸未成進士選翰林院庶吉士散館授編修其歷階爲國子監司業詹事府右中允左中允右庶子翰林院侍講學士其任職爲國史館總纂庶常館提調文淵閣校理奏辦院事日講起居注官其使事爲戊子科貴州鄉試正考官辛卯科廣東鄉試正考官乙未科會試同考官其秋順天鄉試同考官丙申以後迭爲廣

西學政君雖闇然自敕無所矜異宣宗嘗從容問翰林中孰為篤學曹文正公
舉君以對天子既異之在廷名卿耆德亦多稱歎以為令僕之器歲月可冀君
以母老懷思鄉里歸自廣西遂解官養親於長沙早歲事母執爨必躬淅米必
潔至是益加謹焉母或加餐輒喜述諸人以為至幸或有饋賜輒豊其好貨端
篋而將之或體中不適則憂皇如不終日或意有不懌則長跪引咎既解乃起
或將他適則先於其所往百物畢齋所欲立應室無纖埃庭無高語一身肅戒
舉家兢兢官游餘財為其弟所耗君則經營置産以覆弟短而悦母心舅氏劉
若珪謫官遠戍君又傾其前産以贖舅罪而慰母於地下蓋畢生孺慕自順親

會課諸先生皆道光癸未會試同年謹錄其姓字籍貫於左
林名棠字芾南廣東吳川人
常大淳字南陔湖南衡陽人謚文節
池生春字籥庭雲南楚雄人
鄭紹謙字益之廣西臨桂人

黄爵滋字樹齋江西宜黄人
王廣蔭字愛棠江蘇通州人
高樹勲字南渠陝西固城人
李品芳字潤之浙江金華人
黄士瀛字仙嶠湖北松滋人
林士傅字可舟福建福州人

附録縣志一則

乾隆間錢塘吴修撰鴻督學湖南壬午科湖南主試爲嘉定錢大昕韓城王杰皆負重望闈後諸生以墨藝呈吴吴最賞者丁甡丁正心張德安石鴻翥陳聖清五人决其必售填榜日吴亟使走探自第六名至末僅陳聖清一人方駭詑間俄傳五魁報至則四人各冠其經甡爲解首正心次之一時傳爲佳話隨園詩話記其事并載吴誌喜詩云天鼓喧傳昨夜聲大宫小徵盡含鳴當頭玉筍排班出到眼珠光照乘明喜極轉添知己淚望深還慰樹人情文昌此日欣聯曜誰向西風訴不平

縣志列傳

丁善慶字伊輔别號自盦世居白沙洲曾祖元正祖甡起家科貢爲縣令并著政聲善慶少孤母劉氏長沙文恪公女躬教之嚴及長亦劬學道光壬午科舉北闈癸未成進士與館選丙午授編修戊子辛卯典貴州廣東鄉試乙未分校會試復充順天鄉試同考官丁酉督學廣西旋由左中允洊擢侍講學士母老乞養僑居長沙既卒喪絶意仕進當事奏聘爲嶽麓書院山長咸豐二年論守城功賞加三品卿銜善慶性端介非公不履州府而民生利病所在悉言無隱遇捐輸則首納數十金爲衆倡家故無中人産節縮衣食應之終其身不倦也

衡文務本經術深嫉華靡鑒别尤神黔粵兩解首俱得自遺卷中爲學政多拔寒畯教人先行而後文主講嶽麓二十餘年念俗方剥敝比歲益奢麗亡等不端士習無以率齊民日申儆諸生示以修身立命之要而優異其能且勤者下及閭巷咸知改化弟子著録數十百人曾國荃劉長佑其最著也同治八年卒年八十先一歲以老病力辭山長士論韙之子馴積學早世驊騤并高材生論曰後漢書稱班叔皮行不蹈方言不失正仕不急進貞不違人善慶其庶幾乎嶽麓爲宋四大書院之一主斯席者通儒上材多矣近世則推湘潭羅典安仁歐陽厚均以善慶匹之蓋無媿色云

外不知天地更有何事也母没數年而廣西寇賊大起咸豐二年秋攻圍長沙

君矢死堅守寓書其弟曰城陷弟收吾骨於桂樹旁井中矣日夜令其子馴巡

警周垣馴以勞致疾妻蔡氏封股療之不愈遂卒君乃曰兒致身衛國婦封肉

救夫吾門之祥也吾母幸而考終吾身若家皆可殉難尚何惜哉賊退則趣治

戰船以濟水師立共武社使諸生與衆練卒肄習火器事上議叙加三品卿銜

論者謂謹厚如君乃能臨危應變如是爲不可測也同治八年六月十五日卒

於家春秋八十其年十一月十六日葬於北關外洪山渡饗堂坑莊山之陽曾

祖某祖某父某皆贈中憲大夫曾祖妣氏某祖妣氏某贈恭人妣氏劉累封恭

人晉贈淑人旌表節孝配陶氏繼配周氏妾呂氏生子馴早卒乃以弟之子驊
爲後妾廖氏生子騤女六人孫四人焯焕煊烻皆驊出焕復出爲馴後女孫二
人君之學詳於治經尤嗜易春秋著有左氏兵論主講嶽麓書院二十餘年以
洛閩正軌陶鑄羣弟子亦頗參陰德感應之説警發愚蒙生徒翼翼無敢軼踰
法度庶幾以身教者銘曰
不斲不礱不揭己以爲崇公以校士毅以即戎勇以辭禄位而誠以啟羣蒙皆
以仁孝爲之本本立而用自不窮老成逝矣康此幽宫

養齋集卷三

銅鼓歌

使君持節鎮俍峒。百粵皆懷聽。帝詢彝豐寶雙銅柱。高縣夏足僧嶽極。
收游令挿真耳齊鑾蔭。入極兩四坰。黃鍾大呂互響鳴。玫瑰磨與海遐際碧
繳羅詩樹石壁。銅鼓歌成四座驚。星宿胸羅羅九野。甲兵腹貯道八營。隔小
音金大音鼓。相將下上來天京。雖謂曲高和者寡。蘊山裴山蜀城若斯時。探
撫剿功敘。優優戢戢修明正。如八音始金奏。而許郁復進鏗鏘。啟熟施功
序無忒。逐其民事穡稼耕。但不鄙夷齒矜奮。雖遠京師亦天涯。有時警康申
寒度幾。壘壘鼓疊金鉦。大扣小扣左右有。鏡心朗澈物象横。守在四荒聽我語。
瀾瀰省與凡物爭。亦須漢光遠邁。瞻陽鍛鍊相提衡。萬身有地時有會。遷継
繼誇博且精。乃是漢家第二鼓。要與來者紛辯證。姦霧蚕烟政舊俗。相山族巔。
撥新銘。高高樓臺天表。入諸部鈞亮以清。不共都蕓同天然。太虛浚邈閑鍵宮。
可同鑄鉄鉻橋石。中流屹立無改更。差如吹篪逆與吾。晝夜繳從樂歲聽。亦修
田坎坎。擊鼙何無人弄寸與。慨將玉鼓聊可比。擘民安樂時清平。錚鏘鏗鏘鏽同
有用。中命齊物先後殊。要治之世變若哉。況復精鑄光瑩。氣行如流。欲必得發

其声音殊擅楚，所處鑄金儀闕下，留作人間稱古戀。

右錄伯梁華峰所鑄銅鼓辭吟，並次廣西撫軍謝啟昆銅鼓歌韻。時公督學廣西

冬至前一日即事

鐘樓催曉月如烟，風珮声清紫禁懸。十二魚魚參法駕，晨曦鑾動九重天。

朔雁歸來結社吟，春風斜月滿芳林。梅花須是賢臣頌，點點都成造化心。

夏晚聞蟬寄舍弟

念汝忽濡滯（滯雅），獨棲蓬。要知天生人，翻則無不適，豈必清與濁。苦樂難從同，果腹各自適。將無擇術乎，清亦不飢，食濁亦不飽，充何不守歌素。位置由天公，視彼蜩鳴，蟬吸露逐吟風，偏在最高處，留蔭何香愁。

十家紙八篇座右銘　弟鍾濟

歲暮祭興

積月方成歲，經冬復歷春。讀書能見過，約己得全真。嶺上探梅客，田閒種麥人。紛紛邀擊澤，不歡勝含醇。

題陶雲汀御書印心石屋圖

臣心貞比石砥柱鎮中流宸翰風雲護巖巖歲月留拙行欽對遺逢本塔
求國捧君恩重拜閱紀恩遊

鄭安州太史紹謙之任臨安太守作留別詩四首見示情文斐疊有以
備觀史之意虔參同蘭譜竊附葭末東觀纔書過從最密既不得以
承常酬應為答而斯民念切又有不容已於言者率成二律恭送行旌
聞政論心早不羣一麾出守更情殷便民即是安民惠首事端由治事勤
國日懸輕萬里懷人倫許隔重雲南邦不擇知恩重捧檄趨庭喜色欣
好鳥傳聲逢日暖奇花吐豔屬陽春讀書幸際堯天盛作守當如漢吏循求
□定教咨訪切同胞原本性情親他年報最朝天闕樂奏蓬萊答紫宸

讀易得句　癸亥三月十四

訓誡昭昭仰昔賢心心只為世安全遙知未濟終義易百歲猶多不了緣

汲黯論

書曰從諫弗咈詩曰邦之司直二者交稱尚矣然而君得其利臣得其名史稱漢
武能從忠直之言惡人欺蔽然東方朔數效忠直鄧至以誹譖遇之汲黯獨
出入禁闥拾遺補過以其戇出爲淮陽太守嗚呼此武帝所以有晚蓋之悔
歟汲黯之言曰天子置公卿輔弼之臣寧令從諛承意陷主於不義乎且已在
位縱愛身奈辱朝廷何然則人主而欲聞其過已無如愛身之臣何也况
婉至語沁人心脾真可動人主之聽勲法　語語痛切纔法
人主而不欲聞其過彼愛身之臣豈能顧及朝廷哉且左右近習執政之人鮮有
不惡直言者而君復不能容之難忠直如黯豈將不能自效一誹於公孫宏再嫉
於張湯遂出逐居郡不獲與朝廷之論挨淬之議南謀反蘇畏宏等而獨畏黯曰
馬氏曰夫切直之言非人臣之利國家之福也不信然乎夫直言極諫斧鉞之臣如黯
可作于
者誠不易敵觀但能廣開言路使人各獻其誠雖未必言之盡當而我得有所
秋繁識　盗注
聞焉則不至於蔽我得有所敢爲則不至於偏書曰若藥弗瞑眩厥疾弗瘳其爲

利執大局

自得其所蓄，平生最可寶者，然不可狀之真　蘊法

一讀，滿能易其天　弟鄒謙拜讀

漢族老吏，狀幾諸人　寶滋拜讀

氣格蒼勁，慨然有憂國之意　樹勳拜讀

著語不多，而有淋漓激峙氣象，所謂言之有物　世春讀

李綱論

宋之李綱，固與國為存亡者也。使欽宗能竟其用，則不至啟北狩之奇禍，惟不能竟其用，而猶舉國而為保。因使高宗能竟其用，則不至為南渡之偏安，惟不能竟其用，而遂舉國而輕受於敵。嗚呼！世當危難之會，天未嘗不生人才以為向濟救，而世主必不欲其有所成就，以快群小之志。後之論者每感於群小之讒國，而不知實人主示之隙，使群小得有所窺而入也。當欽宗内禪城危之時，而欽宗已動色，謂朕不能用綱，李綱以為逐之，乃能卒用其謀以御敵，是欽宗之志先不在綱。高宗則此後亦幾割裂和節，實為之，李綱豈能一日立於朝哉？及高宗即位，李綱被相，當時雖有汪伯彥、黃潛善不能間也。然謂張邦昌以去就爭之且至

汴下劇勢傾危已極。論者謂以妨兵叢害，藉黃以綱等招撫，然剖二司總細事，而汪黃輩用事，帝遂決意從之。是高宗之志先不在於戰也。既志不在戰，而綱復此之術，良有以也。帝贊成之，李綱負能，復効其區區。李綱之言曰：臣愚妄，意不敢一日忘陛下，使臣之心可以動金石，而不動高宗何也。吾於是知高宗之不足與有為也。觀其所以待張浚者可見矣。綱之去，張浚實論之不已，及浚不能庇大剛之言，致啟齟齬之亂。何悲哉！綱之言者，未嘗不諭，不已而李綱在外，此時秦檜當於其區區衛國之心也。其愛國家為何如也。及金更遣盟，秦檜之邀，將不復見從，高識測而忽勢必興。所以待張浚者可任，而高宗正色謂即無覆國不用此人。嗚呼！此豈人君之言哉！帝之所待如是，李綱之所以入踐而終不見用也乎。綱以十事進高宗，實出於逃竄人，觀其剛直，乃宋璟之流，非蕭所能及。然璟猶得君而相，而綱之尊又難於璟矣。善乎綱之言曰：人主之職在知人，進君子，退小人，則天下可成。宋高宗之寶書與茲也。嗚呼！此綱之所以其國為存亡，而亦千古人君之龜鑑也夫。

論斷精詳，綸爵極正大，頗有歐蘇之旅，作續擬千古　生春流

天然妙品，以澤遠意

天地相對待而位定。山澤之氣亦通焉。夫天位乎地。而山澤又附地以上及乎天者也。觀乎先天之卦。而天地位焉。山澤通焉。其非對待歟。此皆見乾坤兌艮象也。天地山澤猶也。乾坤艮兌配之以天地山澤遂之所以八而神。天地山澤分之為乾坤艮兌。之道所以兩而化。何言之。以乾數之一對坤數之八而九之數成。以乾畫之三對坤畫之六而九之數亦成。而乾居乎南。坤居乎北。遂以為定天地之位。以兌數之二對艮數之七而九之數成。以兌畫之四對艮畫之五而九之數亦成。而兌居東南。艮居西北。遂以為通山澤之氣。向使天不與地相對。地不與天相對。而乾坤第仍其先卦之序。則天無以成其下濟之功。地亦無由合其上行之德。於是乎位不定。位不定而寒暑之遞嬗將不勝其紛紜姘迓。而運動之妙不彰。向使山不與澤相對。澤不與山相對。而兌艮第仍其先卦之序。則山既無以尊其配天之勢。而澤亦無以宣其流地之施。於是乎氣不通。氣不通而取材導流之功隳。將不覺其廣大莫測。而範之方不著。夫惟對待以立其體。則乾坤二卦固而重之。有否泰之象焉。先天圖以乾坤否泰四隅相對。而凡圖之四維六十八卦亦莫非乾八坤八之卦。非所謂天地定位否泰反類者耶。艮兌**二卦**固而重之。有咸損之象焉。先天圖以艮兌咸損四隅相對。而凡四維之二十

卦。亦莫非兑二艮七之卦。詳所謂山澤通氣、咸損見義者耶。進觀雷風水火之
相對待。而相錯以成六十四卦。又孰非先天自然之象乎。

蒲門之桷高百尺而無枝　滋讀

皎潔晶瑩白璧無瑕　勲拜讀

胸中有竹撓底無塵　瀛讀

三十六宫都是春

邵堯夫詩云。天根月窟閒來往。三十六宫都是春。三十六宫。其説不一。然嗣大以先天横圖合之。謂乾一兑二則三也。離三震四則七也。巽五坎六則十一也。艮七坤八則十五也。然數則符矣。而於宫之義無當。且於都是春之義亦有所不通。劉氏蔡禾曰。都是春蓋天理流行而已。當周流其間之意否。又天根月窟。邵子明明自言之。曰乾遇巽時地逢雷處。是統言六十四卦也。可以横圖八卦當之乎。或又以卦畫配之。乾三坤六則爲九。兑離巽各四則爲十二。震坎艮各五則爲十五。其説亦未合。蓋以邵子之學。得之李之才。之才得於穆長伯。長伯得之陳希夷。謂之先天之學。並皆執先天八卦而爲之說也。不知三十六宫之義。邵子嘗自明之矣。今當以邵子之説詮邵子之詩。

邵子之說曰。八卦之象不易者四。乾坤坎離。反易者二。震反為艮。巽反為兌。本是四卦。以反易為二卦。以六變而成八也。重卦之象不易者八。乾坤坎離頤中孚大小過。反易者二十八。本五十六卦。反易只二十八。以反易之二十八加不易之八。合之為三十六。以三十六變而成六十四也。如是則與詩合。而六十四卦全。月窟天根既濟所指。而亦是養之義。亦信如劉氏之說。不煩言而解矣。

道光十五年乙未湖南閩鄉京官為兌賑謝與摺

欽惟我皇上道穆與壤。德參有截。承歡之慶。永懸乎恆春。及物之恩。畢逮于華夏。通剛既徵大九。識己賁允恆夫三。護民裕蓋藏。國多祉福。俾湖鄉之畢渥。免閭里之追呼。輕水新火。釋之餉勞。咨驅臣而入告。欽渙號殊施之普遍。光既庶以騰歡。鼓舞軒鑾。聲名洋溢。大慕尊親之戴。快睹騰黃。十行寬大之宣。脊徽係赤。臣等殊依鷺鷥。心繫袖枌。閻澤頻預。敢稍忘于知識。溫綸聲貴寶。莫蟄其揄揚。狀類光被。慈暉同七澤三湘之繁潤。祥開壽寓。含五風十雨之和甘。

恭上皇太后冊寶文 道光十四年甲午承擬

聖慈垂裕。八紘聽厚德之敷。斷說揚庥。萬國仰徽音之播。歡聲騰乎海宇

[illegible][illegible][illegible]於宫[illegible]。[illegible][illegible]聖母恭慈康豫安成[illegible]太后陛下。德備俱天。道隆矩地。佐皇考重華之后。内政襄勤。啟國家奕葉之祥。春[illegible][illegible]茂属。梓宫中之戎興。正位椒塗。共趨長樂。於萱幃承歡。蘭膳。懋晨昏之[illegible]。[illegible]儀[illegible]。遵懿訓之[illegible]。親色笑而愉[illegible]。盥饋備怡顏之[illegible]。合六宫而邀慈蔭。聰百禩以荷仁悌。祇上崇徽[illegible][illegible][illegible][illegible]。天[illegible]京[illegible]。社[illegible]率諸王冕勒文武。群臣恭奉冊寶。上徽號曰[illegible][illegible][illegible][illegible][illegible][illegible]。太后。伏願。瑶函永煥。寶牒常輝。[illegible][illegible]書於日月山川。[illegible][illegible][illegible][illegible][illegible]。圭璋琮璧。[illegible]景既咸宜。仰託鴻慈。[illegible]祜延方年之[illegible]。長[illegible][illegible]陳詩[illegible]五福之徽。

右[illegible]知[illegible][illegible]日記[illegible]於青后妃傳稿

蔡雲帆先生墓志銘

公蔡氏。諱[illegible][illegible]。字[illegible]帆。先世江[illegible]城人。元季遷益陽。祖[illegible]邦。[illegible][illegible]借兄弟諱[illegible]紫不[illegible]。考樂位。字玉堂。生子二。長[illegible]。次即[illegible]。[illegible]敬[illegible]公無子。以公嗣公生而穎異。玉堂公督之學。[illegible]。年十一。從孝廉陳公[illegible]受業。命屬一對。[illegible][illegible][illegible]則[illegible]声曰月鋑天張。不射。為先生雅善知人。[illegible]嘆曰此子[illegible]才。[illegible][illegible]名[illegible][illegible]用耳。比[illegible][illegible]刻[illegible]於[illegible][illegible]。二十三補第子員。二十五食廩餼。

三十歲癸酉拔萃詩留京師六載余獲交於公讀其言論時有嘉慕公名顯羅致
門下者公亦應也壬午善化蒙太守聘主講某某書院生徒甚衆
公日與諸生經論史迄夜深不休乙酉丁母陳太孺人艱己丑丁敬堂公艱辛卯
五月益陽大水飢民數萬值禮祭子等議避之公曰豈可避次不成禮禮畢乃
部署闔里壯丁為同闔鄉鄰乃息己酉大水如辛卯公請於方伯為公費珍穀
湘鄉來振而倡與浙江某某某模於某設藥局病疫者多賴以痊戊戌
主講虎谿書院有蔡高氏若節六十年家貧備以自給公詢知為請旌倡率
資助為之立嗣任石門教諭時蘇尉某卒於官貧無以葬公為營葬後事而嫁
其女孫之未字者以特周恤其家粵匪倡亂有諸生從逆某邑令素以武健合
長吏意遂請以諸生付有司審乘公以為不可自請甚力講說匪數十諸生數人
若因此遂以不尚之心待士幸南有司明聞可若過貪黠吏構之案所不至非
辦以團練禁私而某某某也某某某某使賊亦不敢甚其事逆黨甲寅竄湘潭
連蹤方士匪嘯聚人心恐懼公率大府檄撫平之有勸帶兵往者公曰民苦於官
而激亂以兵繼之擬而走險其禍愈烈其為從者何辜忍令玉石俱焚乎不若票與
怨於民[illegible]往可也遂率生員丁[illegible] 先世識伍萬[illegible]對及季子[illegible]往諭以禍福

脅從者皆薙戮。首亂數人。餘悉以千百計。後復有竊發。亂爲多羅織良善者。公
爭之力。又保全數十百家。公雖娶呂不射其資。用有濟於世已如此。公嘗居
陶文毅幕府。有以重金求營饑餉者。公峻拒之。蓋公之不肯苟隨流俗。固
其素所樹立者然也。若得見用於時。其有濟於時又豈可量哉。丙辰春大府
以宿儒薦。奉旨賞五品銜。擢內閣中書。旋告歸。平生疾惡甚嚴。好爲詩古
文辭。旁及天文地理醫卜星相。無不綜貫。屬纊之日。無他言。惟令季子吟
陸放翁詩曰。王師北定中原日。家祭無忘告乃翁二語。則公平生之志趣可
知也已。公生於乾隆甲辰正月二十五日。卒於咸豐辛酉正月二十三日。年七
十有八。配徐宜人。繼配陳宜人。子四。長掄鏊。郴州監章學訓導。次增潤。早逝。
次增濬。國學生。議敘六品銜。次增瀚。知縣加同知銜。女四。長適劉。次適晏。次
適徐。次適丁駉。即余子也。早逝。女劉贊齋夫昔志孚鄉。孫六人。仁魏等以
咸豐十一年五月二十七日葬公於益陽蘇基山。屬余爲銘。銘曰。才堪濟世。
早歷名場。又值聖代。登榮俊良。而資用不彰。貽有哀命。坊鄉不於其身。而
爲子孫之世昌。

右錄自湖南通志地理志陵墓一

誥贈光祿大夫劉公墓表

國翰學士丁善慶人

道光丙午，余假館麓山，揭曉後，有一生執贄請業，則今直隸總督劉蔭渠也。篤志勤學，行不過，則知其先德樂善不倦，爲仁有本，足以風世。茲函其贈公寶泉府君行狀，乞爲墓表，不得以不文辭。讀其狀，惟述家庭孝友之心，親朋周䘏之事，與人忠厚之風，而尤以存心爲訓，讀書守分爲勸，皆士大夫所謂庸行而爲恆情之所難。嗟乎！蔭渠父母之教具見於此乎。蔭渠父母之生平，其亦具見於此乎。蓋天下惟有本者能爲仁耳。公諱時華，號寶泉，先世籍江西，明嘉靖間遷湖南，遂爲寶慶府新甯縣人。祖諱儒禹，字祗若，府學生。父諱世貴，字秋文，國學生，皆以蔭渠貴，贈如其官，配鄭氏，同邑

庠生羅華公之女贈一品夫人公性誠篤髫時解推讓不與儕輩
戲善體親心未弱冠即舍讀助其父治生計嘗有事於邑之安山
鄉其地相距近百里且道僻父欲自行公請代時有虎患未知也
裝重貲行日暮未至饑甚覩茅屋往投之以貲置籬下入老嫗舍
坐夜談爲問客所從來沃麥飯食之適其子歸乃在城舊相識者
堅留宿將往取貲其人笑曰君年少而老成若此盍送之十數武
途見一物踞於前其人曰虎也公曰虎乃獸王豈輕噬人者已而
虎果去。事畢歸終不言途中所遇繼母病篤侍湯藥凡起坐便溺
必親自扶持母一日泣謂之曰汝誠苦我死而有知必佑汝也次
日卒公哀毀如父喪葬並盡今父老尤樂道之以爲事繼母者勸

遇父母忌日必齋戒致祭悽慘之情見於顏色、自逢生日不茹葷、
不會客。或入山省墓、或往視外家。有勸酉者、則曰：人非木石、其能
無感乎、公兄弟三、伯祖培季、時夔俱業儒、公不欲以家事累之。伯
兄入邑庠、卒、嫂李氏年甫三十。未幾、季弟又卒、婦蔣氏年甫二十
三、各遺一子一女。公謂鄭太夫人曰：兄嫂弟婦均有志守節、此不
幸中之幸、守節難、而吾家之貧尤難乎。其難。我夫婦不得辭其責。
視兩孤及女凡飲食教誨婚嫁悉如己出。伯之子甲棠入府學議
敘訓導、季之子長偉以外委陣亡、照千總議卹。今李氏八十餘、蔣
氏七十餘、於咸豐初年　旌表雙節。每嗟歎及之、謂今日之得荷
殊恩者、皆公及太夫人艱苦所致也。公門庭雍睦、御子弟以禮、治

拙勤儉、忍讓、和五字以示遵守。言人只學喫得虧受得苦便是好。男兒喜讀書，案置格言通鑑，每挑燈觀覽至夜分，中歲。日誦感應篇，終身不輟。勸人讀書，或謂家貧性拙，公曰子弟不讀書即不貧乎，性拙又不讀書，不更拙乎。嘗見人家作事至傷祖宗元氣，貽後人隱憂者，當局猶自謂得計，豈非不讀書之故。親友題其言，臨終戒家人曰：世事恐不靖，汝等但安分守正，不失其常，自免於禍。即此數言，其爲人概可見矣。性喜施與，凡振饑荒修橋路，必盡其力。邑中忠義節孝祠久廢，公以人心風俗所繫倡議，捐修，踰月而畢、他如鄉親黨排紛難，尤難更僕數。蓋至性所發、不假强爲，使出而能仕，其仁厚施於百姓、詎有量乎。鄭太夫人幼嫺女訓，寡言笑。于歸後修舉婦職，家政蕭然，無敢蹈世俗浮靡習者。晨昏定省，尤能得堂上歡。凡公欲有所爲，必如其意而委曲以成其善。里黨賢之，謂曰：有是夫必有是婦，家中那得不睦，又那得不興。嗚呼，劉氏之寖昌，固無間於人言矣。紀文達公之言曰：士大夫或遭逢變故，致成奇節，或邂逅際會，建立功業，多成名於一事一時。若庸言庸行共見共聞，則非旦夕之故矣。蔭渠以拔萃科出而治兵，屢建奇功，不忍妄戮一人，其涵濡於父母之教者深與。今既荷天寵錫，畀以保釐重寄，至德幽光久鬱已發，蔭渠復何所憾哉。其亦精白乃心，兢兢業業，與古克勤弼亮之臣同底於道，使論者追溯淵源，益顯贈公夫人之德而已矣。贈公生於乾隆庚戌年九月二十一日，卒於道光庚戌年六月十四日。太夫人生於乾隆壬子年十一月二十五日，卒於道光庚戌年六月十一日，是年十二月二十五日，合葬邑西鄉楊溪鄉梅衡之鸞嶺。子四：長長佑，即蔭襲；次長佐，縣學廩貢生，員外郎銜中書科中書；三長伸；四長健，候選同知。賞戴花翎。孫九，孫女四，曾孫十八。

《江忠烈公遺詩》跋

咸豐丙辰仲春，陳炯齋典簿以江忠烈公遺詩付剞劂，屬序於餘。餘雖與公善，未嘗讀其詩，亦未知其能詩也。每見其言論風采，有志於當世之務，心竊重之，而公亦素重餘，若可與言者。既而馳驅戎馬，急國家之急，大節凛然，至今有生氣焉。請即以公所作贈别詩序公之詩，可乎。詩雲：『人生無憂患，誰知性情厚，淪落不足悲，此行當不朽。』嗚呼，公之生千古矣，公之詩亦千古矣，清泉丁善慶撰。

清清泉丁善慶伊輔氏著
曾孫 鵬翥 編校

湖南通志列傳

丁善慶。字伊輔。少孤。母劉氏。大學士長沙劉权之之女。躬教之。嵗道光壬午科。舉人。癸未成進士。與館選。授編修。戊子辛卯典貴州廣東鄉試。乙未分校會試。復充順天鄉試同考官。丁卯督學廣西。旋由左中允洊擢侍讀學士。母老乞養。歸旋長沙。既葬。終憂服闋。當事參聘為嶽麓書院山長。咸豐二年。論守城功。賞加三品卿銜。善慶性澹介。非公不履州府。而民生利病所在。必言無隱。遇將勉則首捐數十金為眾倡。家故中人產。節縮衣食應之。終其身不倦也。主講嶽麓凡三十餘年。念俗尚刁獷。比歲益甚。看號云等不端士習。無以率齊民。曰興敬業讀書以修身立命之學。互相勸參陰騭感應之說。下及閨巷。咸知改礪。弟子著錄者千百人。曾國藩則其最著者也。同治八年卒。年八十有一歲。以老病力辭山長。士論賢之。

十六代善慶公年譜

庚戌　清乾隆五十五年　四月十三日、公生於長沙、

謹按我家丁氏自衡遷居長沙、隆先十四世祖清沙公有買宅長沙東門碑後有作一詩跋、自此時　時清沙公年五十、為清乾隆四十八年、

癸丑　五十八年　公四歲

九月初五日、公祖父乾隆壬午科解元福建平和縣知縣、諱甡、字鹿友、号清沙公弃養、

壬戌　嘉慶七年　公十三歲

三月初八日、公父郡庠生諱世鐸字海濤公弃養、自後隨母劉太淑人之京師、寄於外王父體仁閣大學士劉文恪公家、

壬申　十七年　公二十三歲

寄籍宛平縣、得府考生員、

己卯　二十四年　公三十歲

己卯科、挑取謄錄、

壬午　道光二年　公三十三歲

中式順天鄉試舉人、

癸未　三年　公三十四岁

成進士選翰林院庶吉士.

丙戌　六年　公三十七岁

散館授編修、

戊子　八年　公三十九岁

奉命充貴州鄉試正考官、得士靳溥等　人

庚寅　十年　公四十一岁

奉命充廣東鄉試正考官、得士蔡錦泉等　人

清泉朝老称貴州慶公樹文務本經術、深嫉華靡、鑒別尤神.

黔粤兩解首、均得自遺卷中、

辛卯　十一年　公四十二岁

違例奏准改回清泉好原籍

壬辰　十二年　公四十三岁

胄

奉命充殿試彌封官，是科公所得士成進士及第者貴州戊子科舉人王

立中、廣東庚寅科舉人蔡錦泉、黃其表、羅傳球、鄧謙光等。

六月 补墨斋

編刻文恪公剩存草詩集、

四月奉命任國史館纂修

十一月奉命任國史館總纂、兼庶常館提調

本年在史館校閱循吏傳、儒林傳、文苑傳、大臣傳，辦大清一統志表

紀志

陝西部分，覆勘名宦列女山川門、

癸巳　十二年　公四十四歲

正月，纂小考紺珠

十二月奉命任文淵閣校理

甲午　十三年　公四十五歲

二月、翰林院掌院奏請以充協辦院事兼撰文

是年承擬文件之載有名目於知畏齋日記者，有御祭誠嘉和

裕皇貴妃文、祭富中堂文、皇太后加徽號冊文及奏書、祭公爵

博啓圖文、及碑文、册封貝勒奕綱文、辭承恩侯頤齡文及
碑文、館俸載奏文稿名目無可考
五月、公長子劉生。詩按吾先伯祖劉公、
九月、奉命署日講起居注官、
是年校對癸巳年五月起居注册、

乙未

十五年 公四十六歲

三月、奉命充會試同考官。是科公所薦成進士者：探花江西
蕭淦、翰林浙江方培之、安徽武凌雲、廣東陸敦庸、山東隋藏
珠朱、陝西高希賢、江西喻塘南、河南戴澤長、江蘇蔣德福、
四川林映棠、安徽江春來、河南劉學熙、湖北王恩引、浙江陶
恩培、陝西趙紹武、山東袁溥、江西曹筠、山東張銓、河南
李廷融、廣東鐘映坤等二十人、

内有亭台 中宝生 行年

五月，奉命充翰林院教习庶吉士 阎鸾登贤吉省

八月，奉命充顺天乡试同考官。赐生杨能林、张靖、诚叙、如山、叶卓贵、明之熙、广泰、郎瀛奎、李继泉、德恒、任吉甫、周以清、积厚、玉山、何殿庆、保鹏、保烜之、隆善、王元治、李焕文、王元善、方文炳、福立等二十三人。

九月，奉命任国子监司业。

是年所拟文件之载有名目於知县府日记者，为御祭大学士曾振镛文、碑文、入祀贤良祠文、皇太后加徽号册文及奏书、祭兵部侍郎松筠文、安馀侍载搜进御文字无名目不考。

丙申

十六年 公四十七岁

三月，奉命任右春坊右中允

同月，故 编列文牍公奉和诗

同月，奉命任日讲起居注官

四月，奉命充會試收掌官

同月，始編刻文恪公剩存草文集

六月，始纂湖南統志

同月，奉命任廣西提督参政。十一月，之任所

嘉慶十七年，公四十八歲

謹按，伏泉好志稱公為参政，多拔寒畯，教人先行而後文，亦錄

到任時觀風告示於左

士之器識後文藝，華而不實，昔賢所嗤，即得千百輩文人何

裨國家一旦之用。若乃積學敦品，發抒心得，則因文見道，亦

可由委以溯源。自有明以制藝取士，我朝因之，數百年來，名

臣碩輔，時時間出，蓋持之有故，言之有物，凡見之文者即可

見之行，其根柢深厚，非苟求之文也。夫制藝代聖賢立

言，言聖賢之言，則必心聖賢之心，惰有以究夫書藝之所
蘊，默識心融，乃能直抒所見，理無不明，而辭無不達。我朝
制科功令，一遵朱注，御纂朱子全書，指示為學讀書之方，至
明且切。又如或問、語類，闡聖賢之蘊奧，擇之精而語之詳，
欲明四子書者，端必由此。如第畧守高頭講章，拘文牽義，
汩沒性靈，而蘄其發明四子之書，豈可得乎。漢儒傳授
經義，朝廷大議，輒招博士引經斷之。韓昌黎亦云：士不通
經，果不足用。我朝頒發御纂欽定諸經，薈萃羣言，
折衷至善，脩齊治平之旨，燦然大備，將使承學之士，博
覽遠稽，推尋聖緒，以馴至於大成。而子史百家，旁推交
通，若網在綱。學殖既深，舉而措之，古名臣事業，必有取諸
素定而裕如者。即其發為文章，詣之于心，注之于手，誅乎諦

然，自非庸俗所能及。而又束以先正之法，運以古文之氣，故蔚為一途。其精者遂能羽翼經傳，垂名不朽。近今士子或未能盡讀羣書，書且束之高閣，日俯首於腐爛八股中，剽竊字句，摹取聲調，華或失之靡，清或失之薄，連篇累牘，而言理茫如，即偉而獲售，向所存，皆不可用，乃并舉而去之。所存非所用，所用非所存，則曷若及其鄉會之始而亟務其遠且大者也。是故不讀朱子之書，是欲入聖賢之室而不得其門也；不融會文經之義，是將遊聖賢之門而不睹其美富也。夫執言明理，則文不求工而自工；課文以求工，鮮矣能工者。吾願與諸士明經修行，共為有體有用之學，而特於文覘之也。諸士勗諸。

青奉勅旨文　道光十六年十月二十七命曰

勅提督廣西學政詹事府右中允丁善慶自古帝王治天下率以

興賢育才為首務稽察前制學政用詞臣督率之任至重也近來

士習未変文事未彰良由督學各官不能仰体朕意今特命尔前

往廣西提督各府州縣學政爾尚端軌儀崇經術勤功課嚴坊刻

振維新之要革積衰之弊毋尚華而遺實毋避怨以市恩俾士有

真才國收實用廣西人文所萃尤宜加意作新多方鼓舞以稱朝

廷培植人材至意所屬道府州縣及提調等官凡關係學政者聽

尔稽實考核其礼部題准申飭事宜由着實舉行向有侍詐嚴禁

考試情弊尔當恪奉遵依至於本處督撫各有攸司不得互相干

頃如遇公事交接暨移文往来，俱照平行，其布按二司接見禮儀、往来文書有干係考政者，俱照考院衙門例行。尔受茲委任，務嚴絶情面，一秉虚公，振拔孤寒，澄汰污賤，教士有程，取文有法，俾士風丕變，胥賴尔功。如或蹈常襲故，違命曠職，尔惟尔罰，尔其慎之。

故敕。

丁酉　十七年　公四十八岁

五月，奉命任右中允

十月、始考訂淳宏諸古文辭解

戊戌　十八年　公四十九岁

正月奉命連任廣西學政。

三月奉旨國史館纂輯長編總裁告成著加一級

本年倡刻石卓雙後、作鬱林忠功祠記、偶朔女壽陽吉院記

庚子　二十年　公五十一岁

二月，奉旨國史臣工表告成著加一級

十月，交卸廣西學政，假歸省墓

十二月，奉命任右春坊右庶子

辛丑　二十一年　公五十二岁

正月奉命任翰林院侍講學士。

三月以母到七旬人年逾七稀奏准終養，奉旨允

壬寅　二十二年　公五十三岁

九月，刘太孺人弃养，遂绝意仕进。

甲辰　二十四年　公五十五岁

春，始建白水口王氏长沙支祠。

（阅据此祠于民国十六年丁卯方废，时居力未从美，遂奉主家中，岁时奉祀如祠祀，并于中元加焚始祖以下冥包。）

乙巳　二十五年　公五十六岁

二月，主讲湘阴仰高书院

丙午　二十六年　公五十七岁

正月，始主讲岳麓书院

壬子　咸丰二年　公六十三岁

四月，内有当道建议修城并拟清围入围整围诸法，是时长沙富户绅耆纷纷迁徙，公力持镇定。

七月三十日長沙被圍，公率子姪及萩耆諸生登陴守城

十月十五日，公長子邑文庠國子監典籍馴，以守城積勞病故，得

年十九歲。痛哉，妻蔡氏封宜和藥進，卒不起。至是公乃曰：究舍

身衛國，歸封內寵夫，吾門之祥也。

十月二十日城圍解嚴，凡八十日始

癸丑

三年　公六十四歲

正月以胞姪為嗣　陳揆少卿者先祖評彈公

九月，湖撫咨請攬辦全省團防事宜，以文內無練字請不就，仍作

功大家有心舉辦團練說不送。

十一月，公三子驎生。

甲寅

四年　公六十五歲

二月致吉曾游生備其進兵

三月胡林翼來函勸團說加印，不送　湖

閏七月奏請捐辦船砲設局、八月奉旨照准、

乙卯 五年 公六十六歲

九月兩湖制軍官文咨請辦理捐輸總局、辭不就、仍倡力自捐款

為紳耆倡率、而恤民艱、

十一月准湖南巡撫咨奉旨加二級

十二月訂安武社約

丙辰 六年 公六十七歲

二月准湖南巡撫咨復設（奏准）安武社

四月於嶽麓書院立安武社、督諸生肄習鎗彈射等

四月始作右氏兵論○陸續撰右氏兵法備要、至丁巳年完成、

十二月奉旨加三品卿銜

己未 九年 公七十歲

九月修嶽麓書院舊規

庚申　十年　公七十一岁

十一月奉命办理本省團練。新

辛酉　十一年　公七十二岁

十二月　始修莪蕽志○謹按志書丁丑年完成

~~壬戌　同治元年　公七十三岁~~

戊辰　同治七年　公七十九岁

三月公次子（偉揮）輸入邑庠生。

九月以家事付之子姪、諸子孫推選以請為本人举鄉賢

十二月以衰病力辞莪蕽書院山長。士林刊論題之○謹按七字君莪蕽凡二十三年，志稱公念依方刻激，比支遍著蕽無算，不諸士習無以率齊民，日中做諸生，示以修身立命之要，而德并其能且勤贵，下及閭巷，咸知改化。

己巳　八年　公八十岁

六月[illegible]公卒

《湖南省志·人物志·丁善慶》

丁善慶，字伊輔，號自庵、養齋，清清泉縣（今衡南縣）人。生於乾隆五十五年（一七九〇）。幼年喪父，隨母長期居住京城外家，遂寄籍宛平。道光二年（一八二二）應順天鄉試，中舉人。翌年成進士，選翰林院庶吉士，散館授編修。先後任國子監司業、詹事府右中允、左中允、右庶子、翰林院侍讀學士等職，擔任國史館總纂、庶常館提調、文淵閣校理，奏辦院事、日講、起居注等事。道光八年（一八二八）出任貴州鄉試正考官，十一年任廣東鄉試正考官，十五年任會試同考官及順天鄉試同考官。十六年出任廣西學政。後以母老辭官返湘，居家長沙。二十六年起，受聘爲嶽麓書院山長。

咸豐二年（一九五二）秋，太平軍圍攻長沙。丁善慶主張堅守，并遺書與其弟，誓與省城共存亡，又命其子丁駉日夜巡查城防。太平軍北上後，他督工修造戰船，接濟水師，又成立恭武社，使學生參加操練和學習火器。

丁善慶任嶽麓書院山長凡22年。在任期間，主持修復書院齋舍和聖廟、御書樓、文昌閣等房舍，編纂《續修嶽麓書院志》；增添書籍，擴大度藏；又注意培植務實學風，選拔人才。至同治七年（一八六八），以老病辭職。翌年逝世，年80歲。著有《左氏兵論》《字畫辨正》《養齋集》等，均已散失。幸存者有《續修嶽麓書院志》和詩、文、奏疏等。

（《湖南省志·人物志》，一九九二年湖南出版社出版）

千學文庫

丁伊輔集

（下）

丁善慶 撰
丁平一 整理

湖南大學出版社·長沙

長沙嶽麓書院續志

（清）丁善慶　纂輯

本書四卷首一卷末一卷，據清同治六年（一八六七）刻本影印。

續修嶽麓書院志序

續修嶽麓書院志成諸生以序請善慶思續修學踵前志例復何言顧書院爲昔賢講學之地亦既忝擁皋比自有難已於言者善慶少孤又體羸多疾通籍後恒兢兢以弗克負荷爲懼道光庚子冬請假旋里越丙午膺掌教之聘抗顔爲弟子師益復自愧既讀聖賢書稟丸熊之訓竊願附聖門學者又次之列以自持其躬嘗讀昌黎先生自訟箴曰聰明不及於前時道德日負於初心其不爲君子而卒爲小人也昭昭矣用是警惕凡所

以自治而因以爲教者於兹蓋二十有二年習俗移人
賢者不免欲自立而不苟隨實賴講德論道之益能勿
滋愧且懼哉夫道不遠人德足乎已舜聞行知是則是
儌亦在凡有敎養之任者加之意焉耳前志板經兵燹
今既重刊已其書詳覈有法可以傳信惟圖畫一門説
者謂瀟湘八景非盡麓一區得專而有也不知書院爲
賢才素養之區實山川鹽淑之氣所特鍾惡在其不可
專而有也前志已列不復志今增志書籍附於卷終既
以徵後起文華之盛且以見游土之民莫不嚮義云爾

同治六年歲次丁卯仲夏月清泉丁善慶撰

同纂

安化縣增生劉　岳

同輯參訂

益陽縣舉人李沛霖

湘陰縣選拔顧壽世

桑植縣歲貢鍾良然

溆浦縣附生向宗先

長沙縣附生左世掌

益陽縣附生蔡同甚
武陵縣附生鄭華毓
安化縣附生賀鉄先
新化縣附生李沛霖
長沙縣舉人羅祥麟
益陽縣增生王德基
長沙縣附生鄭先琦
長沙縣附生闕士長

續修嶽麓書院志目錄

雍正元年七月十五日奉
上諭諭禮部湖南士子赴湖北鄉試必經由洞庭湖湖水
浩瀚無涯波濤不測六七月間風浪尤險間有覆溺之
虞朕心深爲惻然或致士子畏避險遠裹足不前又非
朕廣育人材之意今欲於湖南地方建立試院每科另
簡考官俾士子就近入場永無阻隔之虞共遂觀光之
願明年二月爲鄉試之期爾部可即行文湖南巡撫若
能於二月之前預備場屋則於明春即分湖北湖南兩
闈考試倘爲期已迫預備不及則於下科舉行特諭

雍正十年奉

上諭制科以四書文取士所以覘士子實學且和其聲以鳴國家之盛也語云言為心聲文章之道與政治通所關鉅矣韓愈論文云惟陳言之務去柳宗元云文者所以明道不徒務采色誇聲音而以為能也況四書文號為經義原以闡明聖賢之義蘊而體裁格律先正具在典型可稽雖風尚日新華實並茂而理法辭氣指歸則一近科以來文風亦覺丕變但士子逞其才氣詞華不免有冗長浮靡之習是以特頒此旨曉諭考官所拔之

文務令清貞雅正理法兼備雖尺幅不拘一律而支蔓浮誇之言所當屏去秋闈期近蔵部可行文傳諭知之

雍正十一年奉

上諭各省學校之外地方大吏每有設立書院聚集生徒講誦肄業者朕臨御以來時時以教育人才爲念但稔聞書院之設實有裨益者少而浮慕虛名者多是以未曾敕令各省通行蓋欲徐徐有待而後頒降諭旨也近見各省大吏漸知崇尚實政不事沽名邀譽之爲而讀書應舉之人亦頗能屏去浮囂奔競之習則建立書院擇一省文行兼優之士讀書其中使之朝夕講誦整躬勵行有所成就俾遠近士子觀感奮發亦興賢育才之

一道也督撫駐劄之所爲省會之地著該督撫商酌舉行各賜帑金一千兩將來士子羣聚讀書須預爲籌畫資其膏火以垂永久其不足者在於存公銀內支用封疆大臣等並有化導士子之職各宜殫心奉行黜浮崇實以儲國家菁莪棫樸之選如此則書院之設有裨益於士習而無流弊乃朕之所厚望也

湖南嶽麓城南二書院共分一千兩

乾隆元年奉

上諭書院之制所以導進人才廣學校所不及我

世宗憲皇帝命設之省會發帑金以資膏火恩意至渥也古

者鄉學之秀始升於國然其時諸侯之國皆有學今府

州縣學並建而無遞升之法國子監雖設於京師而道

里遼遠四方之士不能胥會則書院即古侯國之學也

居講席者固宜老成宿望而從遊之士亦必立品勤學

爭自濯磨俾相觀而善庶人材成就足備朝廷任使不

負教育之意若僅攻舉業已爲儒者末務況藉爲聲氣

之資游揚之具內無益於身心外無補於民物卽降而求文章成名足希古之立言者亦不多得甯養士之初指耶該部卽行文各省督撫學政凡書院之長必選經明行修足爲多士模範者以禮聘請負笈生徒必擇鄉里秀異沈潛學問者肄業其中其恃才放誕佻達不羈之士不得濫入書院中酌倣朱子白鹿洞規條立之儀節以檢束其身心倣分年讀書法予之程課使貫通乎經史有不率敎者則擯斥勿留學臣三年任滿諮訪考覈如果敎術可觀人材興起各加獎勵六年之後著有

成效奏請酌量議叙諸生中材器尤異者准令舉薦一

二以示鼓舞

乾隆三年奉

上諭士人以品行爲先學問以經義爲重故士之自立也先道德而後文章國家之取士也黜浮華而崇實學我朝養士百年漸摩化導培護甄陶所以期望而優異之者無所不至爲士者當思國家待士之重務爲端人正士以樹齊民之坊表至於學問必有根柢方爲實學治一經必深通一經之藴以此發爲文辭自然醇正典雅若因陋就簡秪記誦陳腐時文百餘篇爲弋取科名之具則士之學已荒而士之品已卑矣是在各省學臣諄

切提撕往復訓勉其有不率教者卽嚴加懲戒不可寬
貸至於書藝之外當令究心經學以爲明道經世之本
其如何因地制宜試以經義俾士子不徒視爲具文者
在學政酌量行之務期有益於膠庠各省亦不必一轍

乾隆五年

欽頒太學訓飭士子文

士爲四民之首而太學教化所先四方於是觀型焉比者聚生徒而教育之董以師儒舉古人之成法規條亦既詳備矣獨是科名聲利之習深入人心積重難返士子所以汲汲皇皇者惟是之求而未嘗有志於聖賢之道不知國家以經義取士由聖賢之言體聖賢之心正欲使之爲聖賢之徒而豈沾沾焉文藝之末哉朱子同安縣諭學者云學以爲己今之世父所以詔其子兄所

以勉其弟師所以教其弟子弟子之所以學舍科舉之業則無爲也使古人之學止於如此則凡可以得志於科舉斯已爾所以孜孜焉愛日不倦以至於死而後已果何爲而然哉今之士惟不知此以爲苟足以應有司之求矣則無事乎汲汲爲也是以至於惰遊而不知返終身不能有志於學而君子以爲非士之罪也使教素明於上而學素講於下則士子固將有以用其力而豈有不勉之患哉諸君果能致思於科舉之外而知古人之所以爲學則將有欲罷不能者矣觀朱子此言洵古

今迺患夫爲己二字乃入聖之門知爲己則所讀之書一一有益於身心而日用事物之閒存養省察闇然自修世俗之紛華靡麗無足動念何患詞章聲譽之能奪志哉況爲科舉亦無礙於聖賢之學朱子云非是科舉累人人累科舉若見高識遠之士讀聖賢之書據吾所見爲文以應之得失置之度外雖日日應舉亦不累也居今之世雖孔子復生也不免應舉然豈能累孔子耶朱子此言卽是科舉中爲己之學誠能爲己則四書五經皆聖賢之精藴體而行之爲聖賢而有餘不能爲己

則雖舉經義治事而督責之亦糟粕陳言無裨實用浮僞與時文等耳故學者莫先於辨志志於爲己者聖賢之徒也志於科名者世俗之陋也國家養育人才將用以致君澤民治國平天下而囿於積習不能奮然求志於聖賢豈不謬哉朕膺君師之任有厚望於諸生適讀朱子書見其言切中士習流弊故親切爲諸生言之俾教者知所以教而學者知所以學

乾隆五年奉

上諭朕命翰詹科道諸臣每日進呈經史講義原欲探聖賢之精蘊爲致治寧人之本道統學術無所不該亦無往不貫而兩年來諸臣條舉經史各就所見爲說而未有將宋儒性理諸書切實敷陳與先儒相表裏者蓋近來留意詞章之學者尚不乏人而究心理學者蓋鮮即諸臣亦有於講章中繫以箴銘古人盤盂几杖有箴有銘其文也即其道也今則以詞藻相尚不過爲應制之具是歧道與文而二之矣總因居恒肄業未曾於宋儒

之書沈潛往復體之身心以求聖賢之道故其見於識論止於如此夫治統原於道統學不正則道不明有宋周程朱張諸子於天人性命大本大原之所在與夫用功節目之詳得孔孟之心傳而於理學公私義利之界辨之至明循之則爲君子悖之則爲小人爲國家者由之則治失之則亂實有裨於化民成俗修己治人之要所謂入聖之階梯求道之塗轍也學者精察而力行之則蘊之爲德行學皆實學行之爲事業治皆實功此宋儒之書所以有功後學不可不講明而切究之也今之

說經者閒或援引漢唐箋疏之說夫典章制度漢唐諸儒有所傳述考據固不可廢而經術之精微必得宋儒參考而闡發之然後聖人之微言大義如揭日月而行也惟是講學之人有誠有僞誠者不可多得而僞者託於道德性命之說欺世盜名漸啟標榜門戶之害此朕所深知亦朕所深惡然不可以僞託者之獲罪於名教遂置理學於不事此何異於因噎而廢食乎蓋爲己爲人之分自孔子早已明辨而切戒之學者正當持擇審處存誠去僞毋蹈鶩名之陋習崇正學則可以得醇儒

正人情厚風俗培養國家之元氣所係綦重非徒口耳之勤近功小補之術也朕願諸儒研精宋儒之書以上溯六經之閫奥涵泳從容優游漸漬知爲灼知得爲實得明體達用以爲啟沃之資治心修身以端教化之本將國家收端人正士之用而先儒性命之旨有功於世道人心者顯著於家國天下朕於諸臣有厚望焉

乾隆三十年奉

上諭據楊應琚奏甘省蘭山書院於去歲延請丁憂在籍之府丞史茂來主講席一摺此甚非是史茂係回籍守制之員理應閉戶家居以盡三年之禮至讀禮之餘或在家課訓子弟自屬分所當爲古人尚有廬墓終制者卽不能取法亦當杜守里門若竟住居省會書院教授生徒與地方官長賓主應酬則與居官何異此不過冀得膏火以資贍給遂置禮制於不問微特人子之心難安其又何以爲多士表率乎督撫有維持風敎之責稽

紳中積學砥行足備師資者諒不乏人何必令丁憂人
員覥居講席是應聘者固不能以禮自處而延請地方
大吏亦復不能以禮處人於風化士習頗有關係恐他
省不無類此者特爲明切曉示通諭知之

志書院重教化也

聖訓煌煌永宜遵守錄之簡端俾來學者知所趨向焉

再請改建南闈疏　　湖南巡撫李發甲

臣查得懇建南闈一案前據湖南士子屢陳洞庭危險籲請分闈臣因關繫科場大典未敢造次具題恭

摺請

旨蒙

聖上御批卽當具題臣隨欽遵繕疏具題今奉到禮部等衙門以科場定例年久不便紛更議覆奉

旨依議臣何敢冒昧再請以滋罪戾惟是恭逢我

皇上振興文教培養人才事事超越千古如鄉試屢經廣

萬壽遇旬加科苗猺一體科貢幷兵許應武試以及文入
額會試分省取中
武闈武入文闈凡兹曠典亘古所無何嘗拘於定例
況湖南士子因洞庭危險覆溺甚多懇請分闈願共
捐三年廩膳等銀興建貢院不費
國帑此等迫切情狀實出於萬不得已更有不忍以定
例拘之者曩年
聖駕巡視河工憫念洪澤湖風濤危險設立救生樁全活
無數生靈遐邇咸戴今洞庭之險十倍洪澤萬難立

椿惟有分闈一策可以保全士子之性命是即洪澤
湖之救生椿矣
聖恩浩蕩莫大於此乃前撫臣趙申喬具題於先既格於
部議撫臣潘宗洛繼題於後復格於部議茲臣先奉
俞旨然後具題仍復格於部議若非洞庭十分危險士子
迫切呼號何至前後三撫臣疊奏不已伏思
堯舜之主在上臣身任地方凡有益於士民有益於
國家者例得備悉入告今分闈一事上以廣
聖主好生之德下以救士子覆溺之危且於科場大典倍

見昌明若因部議而不再遞下情仰達
天聽則臣負
主恩厥罪滋大除繕疏具題外臣謹具揭專差恭捧齎奏
伏乞
睿鑒特賜恩允施行

乾隆三年禮部奏議

覆兵部侍郎舒赫德奏稱科舉之制憑文而取按格而官已非良法況積弊日深僥倖日衆古人前事考言其所言者卽其居官所當爲之職事也今之時文徒空言而不適於用此其不足以得人者一墨卷房行輾轉抄襲膚詞詭說蔓衍支離以爲苟可以取科第而止其不足以得人者二士子各占一經每經擬題多者百餘少者不過數十古人畢生治之而不足今則數月爲之而有餘其不足以得人者三表判可

以預擬而得答策隨題敷衍無所發明其不足以得人者四且人才之盛衰由於心術之邪正今之僥倖求售者弊端百出探本清源應將考試條款改移而更張之則思所以遴拔真才實學之道等語謹按取進之法三代以上出於學漢以後出於郡縣吏魏晉以後出於九品中正隋唐至今出於科舉科舉之法每代不同而自明至今則皆出於時藝三代尚矣漢法近古而終不能復古至漢以後累代變法不一而足其既也莫不有弊九品中正之弊毀譽出於一人

之口至於賢愚不辨閥閲相高劉毅所云下品無高門上品無寒士者是也科舉之弊詩賦則祗尚浮華而全無實用明經則專事記誦而文義不通唐趙匡所謂習非所用用非所習當官少稱職吏者是也時藝之弊則今該侍郎所陳奏是也聖人不能使立法之無弊在乎因時而補救之蘇軾有言得人之道在於知人知人之道在於責實蓋能責實則雖由今之道而振作鼓舞人才自可奮興若惟務徇名則雖高言復古而法立弊生於造士終無所益今謂時文經

義以及表判策論皆爲空言剿襲而無用者此正不責實之過耳夫凡宜之於口筆之於書皆空言也何獨今之時藝爲然且夫時藝取士自明至今殆四百年人知其弊而守之不變者非不欲變誠以變之而未有良法美意以善其後且就此而責其實則亦未嘗不適於用而未可概訾毀也何也時藝所論皆孔孟之緒餘精微之奧旨未有不深明書理而得稱爲佳文者今徒見世之腐爛抄襲以爲無用不知明之大家如王鏊唐順之瞿景淳薛應旂等以及

國初諸名人皆寢食夢寐於經書之中冥搜幽討殫智畢精始於聖賢之義理心領神會融液貫通參之經史子集以發其光華範之規矩準繩以密其法律而後可稱爲文雖曰小技而文武幹濟英偉特達之才未嘗不出乎其中至於奸邪之人迂儒之士本於性成雖不工文亦不能免未可以爲時藝咎若今之抄襲腐爛乃是積久生弊不思力挽末流之失而轉咎作法之涼不已過乎即經義表判策論等苟求其實亦豈易副經文雖與四書並重而積習相沿慢忽已

久士子不肯專心學習誠有如該侍郎所云數月爲之而有餘者今若著爲令甲非工不錄則服習講求爲益匪淺表判策論皆加覆覈則必淹洽乎詞章而後可以爲表通曉乎律令而後可以爲判必有論古之識斷制之才而後可以爲論必通達古今明習時務而後可以爲策凡此諸科內可以見其本原之學外可以驗其經濟之才何一不切於士人之實用何一不可見之於施爲乎必變今之法行古之制則將治宮室養游士百里之內置官立師訟獄聽於是軍

旅謀於是又將備不率教者屏之遠方終身不齒其母乃徒爲紛擾而不可行又況人心不古上以實求下以名應興孝則必有割股廬墓以邀名者矣興廉則必有惡衣菲食敝車羸馬以飾節者矣相率爲僞其弊滋繁甚至借此虛名以干進取及乎莅官之後盡反所爲至庸人之不若此尤近日所舉孝廉方正中所可指數又何益乎若乃無大更改而仍不過求之言語文字之間則論策今所見行表者賦頌之流是詩賦亦未嘗盡廢至於口問經義背誦疏文如古

所謂帖括者則又僅可以嘗誦習而於文義多致面牆其餘若三傳科史科名法書學算學崇文宏文生等或駁雜紛歧或偏長曲技尤不足以崇聖學而勵眞才矣則莫若懲循名之失求責實之效由今之道振作補救之爲得也我

聖上洞見取士源流所降

諭旨纖悉坐照司文衡職課士者果能實心仰體破除積習杜絶僥倖將見數年之後士皆束身詩禮之中潛心體用之學文風日盛眞才日出矣然此亦特就文

學而言至於人之賢愚能否有非文字所能決定者故立法取士不過如是而治亂興衰初不由此無事更張定制爲也所奏應無庸議

[illegible]　卷首

謝

賜嶽麓書院匾額疏

湖南巡撫　蔣溥

題爲恭謝

天恩仰祈

睿鑒事乾隆九年正月初九日臣齎摺家人回楚恭捧到

皇上御書道南正脉四字

頒賜嶽麓書院匾額一幅臣隨率領屬員出郊跪迎至署

恭設香案望

闕叩頭謝

恩祇領現在選覓良工敬謹刊刻俟告竣之日擇吉懸挂

恭疏另行

題報外欽惟我

皇上治邁勳華

學宗鄒魯

敎思遐播萬方鼓舞同風

德意覃敷四海優游化日

重華啟運九天雲漢增輝

儒術光昭六字文明疊起竊以潭州勝地傳經向有書

臺嶽麓名區講學夙習皋席沐
聖朝之雅化久賡棫樸之詩冀
宸翰之特頒羣企鳳鸞之筆荷蒙
俞旨俯允輿情
寶墨淋漓潤龍蛇而動色
瑤函璀璨映麟帙而騰光溯道脈於南來幸追洛水分
恩光而北至慶溢湘濱勒以穹碑上助三階之泰懸諸雲
棟高呈二酉之奇多士騰歡羣工誌喜從此光開碧
宇球圖檢玉字之藏瑞叶丹書

寶笈啟雲章之秘臣正在繕疏恭謝間又據布政使長
柱按察使明德詳據在院肄業生童等籲請代
題恭謝
天恩前來臣不敢壅於上
聞理合恭疏一件
題謝伏乞
皇上睿鑒施行

恭報懸挂
御書匾額疏　　　　　　　　　　　　　　　　　蔣溥
該臣看得嶽麓爲天下四大書院之一踞三湘之勝
概萃南楚之英華前蒙我
皇上特賜
御書道南正脈四字恭捧到日臣卽恭疏
題謝
天恩幷檄司愼遴良工裝製匾額摹登
御書臣擇吉於乾隆九年三月十九日率同司道及在城

文武官弁恭捧
御匾到院敬謹懸挂訖欽惟我
皇上德邁唐虞
道符孔孟
立百王之道統玉振金聲
會千聖之心傳天經地義蓋惟建中出於時中斯文教
益臻其美備亦由治法原乎道法故典禮日卽於崇
隆竊以嶽麓名區向爲文公講席
沛絲綸而造士化洽菁莪

資膏火以作人象昭雲漢

奎章特逮三楚瞻光

宸翰遥頒九江荷澤

聖主之崇文愈篤多士之嗜學彌深一朝魏煥頓使太乙

燦藜烟萬世輝煌快覩星沙回紫氣

龍文璀璨瑞氣騰七十二峯

鳳翥飛翔慶澤垂百千萬載從此衡峯嶽麓長瞻

帝德之光昭沅芷湘蘭永慶文瀾之浩瀚茲據湖南布政

使長桂詳報前來所有嶽麓書院恭懸

御書匾額日期相應據詳
題報伏乞
皇上睿鑒施行

長沙嶽麓書院續志卷之一

清泉丁善慶纂輯

書院

嶽麓書院形勢紀略

嶽麓爲衡山之足蜿蜒而下平岡可二里許書院在焉以酉卯辛乙向爲講堂堂前爲二門又前爲大門各相去百餘步中間古柏古槐蓊蘢茂翳與監院後紫陽樟及東西齋院諸花木相映成林門外爲赫曦臺左右蓮池桐梓紫薇參差夾道講堂後循拜廳而入爲文昌閣

閣高四五丈奉文昌神像凡在院諸生獲儁者悉得題名其閒閣後稍高爲御書樓藏書處樓左四箴亭亭左濂溪祠祠左稍高處與崇聖祠鄰者爲陶桓公杉菴文昌閣之左離數武爲六君子堂堂左崇道祠與拜廳左之湘水校經堂暨山齋舊址門戶相向講堂之左曰成堂講堂前之東二齋曰進德曰居業西二齋曰正誼明道中明道後而進德居業又分二齋於文昌閣之右總計齋舍九十有八間曰新時習爲古齋名今榜於講堂之東西兩舍靜一堂亦榜於大門左側之監院內署

皆不欲役其名也半學齋居講堂之西前北向後南向院長居焉有廳有堂有室有庭後庭有蓮池池上有古樹有石山前庭頗廣佳木叢雜文泉出其左甃石爲池題詠者夥焉　聖廟居書院之左基稍下殿供聖像及四配像餘皆木主旁列兩廡中庭種梧桐松柏多株大成門外宮牆頖沼悉如各州縣廟制由殿後甃石四十餘級上爲崇聖祠祠後又甃石四十餘級上爲嶽神廟又上半里許有亭曰道中庸亭左側下爲道鄉臺臺下祠道鄉先生降而蒼筤谷由道中庸亭上里許至極高

明亭又二里許始達禹碑亭右如懸屏文如流泉艮不誣也碑左爲拖船坳所稱禹蹟溪崇眞觀蟒蛇洞均出其下山行復繞而東面西南顧直趨書院之北依山起三間大夫祠賈太傅祠左之李中丞祠右之又東一小阜如覆盆上起奎星樓再東一山山勢壁立如樹屏然曰小天馬書院右半學齋後即李北海碑亭也亭左臨小澗舊有雨花諭苗諸臺今失其處沿澗而入可半里爲清風峽峽口土石隆起磊然澗左上起愛晚亭由是入楓林乘石磴逶邐而上至峯半爲嶽麓寺松挺六朝

泉流白鶴如故也寺右稍南轉一峯爲步虛嶺御書亭起其下又南行頗二三百步已登雲麓峯絕頂矣峯從禹碑南折宛轉迴抱至斯而極雲麓宮起焉右爲望湘亭亭下爲五嶽祠祠下有飛來石土人甃石爲柱覆亭其上每於此拜衡嶽云從石下趨南降百十級轉東行漸趨漸下拓爲平地大天馬山突起特據江邊高半里南北數倍之與小天馬山對峙如門書院赫曦臺外有古桃李坪故多花木左轅外過聖廟有池周數畝中起吹香亭又北一池廣如之上起抱黃閣適當脊貫谷口

右轅外爲飮馬池亭起其上存風雩名池右爲洗心水
源出清風峽居孔道右經自卑亭出大小天馬山正中
一泓如綫直達大江江岸豎石坊榜嶽麓書院四大字
江心橘洲横列如練如帶隔江妙高峯城南書院遥遥
相望此外天際諸峯依稀縹渺正不知是何處所矣此
則嶽麓書院之大觀也斯院也周朱張之理學自此常
傳宋元明之典章從茲大備皆由我
朝昌明正學以嘉惠士林故於斯爲盛也豈不懿歟

年表

康熙二十四年巡撫丁思孔重修　聖廟書院祠宇齋舍煥然如舊知府蘇佳嗣郡丞趙甯通判王駿董其事先是七年巡撫周召南修復尋遭藩變多爲兵毁今以二十四年爲始

二十六年增建　御書樓文昌閣講堂重修極高明道中庸四箴翠微道岸諸亭趙郡丞董其事

二十七年趙郡丞倡建自卑亭

三十九年按察使常名揚重修

四十九年巡撫趙申喬改修道鄉臺併祠

雍正十一年巡撫鍾保重修奉

旨延山長主敎

乾隆二年巡撫高其倬重修

九年巡撫蔣溥重修

十年巡撫楊錫紱移生童肄業城南書院

十九年巡撫胡寶瑔撥楠木寺天竺莊洞牛鋪三處田

租充歲修經費

二十一年巡撫陳宏謀大修齋舍恢廓舊規以諸生歸

嶽麓書院肄業童生仍留城南書院
二十四年院長御史歐陽正煥重修自卑亭
三十八年重修道鄉臺
四十一年布政使覺羅敦福重修崇道祠
四十四年巡撫李湖大修齋舍建監院是時長沙大學
士劉權之奉諱在籍監修
四十六年布政使葉佩蓀捐廉倡增書院經費
五十二年院長鴻臚寺少卿羅典築西亭五十三年築
東亭五十四年修講堂五十五年築前亭五十七年建

魁星樓愛晚亭

嘉慶元年長沙府張翽建三閭大夫祠賈太傅祠李中丞祠

七年建拜廳

十七年鹽法道圖勒斌重修　學政湯金釗捐建朱張渡亭　院長翰林院侍讀袁名曜建濂溪祠重修六君子堂改修自卑亭

二十二年　御書樓重修文昌閣重建

二十三年院長御史歐陽厚均建崇聖祠改建四箴亭

二十四年改建半學齋重修講堂禹碑亭道中庸亭北
海碑亭道鄉臺祠魁星樓改西亭曰吹香東亭曰風雩
二十五年建嶽神廟移建濂溪祠改遷六君子堂
道光元年修復極高明道中庸亭改修前亭爲赫曦臺
重修道鄉祠三年重修愛晚亭四年修復抱黃閣九年
改修成德堂
十年巡撫程祖洛重修講堂
十六年巡撫吳榮光建湘水校經堂
十八年建杉菴

二十年建山齋重修道鄉臺

二十八年重修

咸豐二年秋七月粵匪自郴桂竄長沙至十月敗走書院燬焉

三年修復　聖廟　御書樓　文昌閣講堂齋舍各祠宇五年修復進德居業橫齋明道後齋成德堂九年修復半學齋十一年重修自卑亭

同治元年修復三閭大夫祠修復賈太傅祠李中丞祠

四年重築愛晚亭重修極高明道中庸亭道鄉臺崇聖

祠講堂二門五年建復風雩亭修復抱黄閣

續志　卷一

御書樓巡撫丁思孔建嘉慶二十二年零陵貢生何龍
光重修二十五年巡撫李堯棟檄道庫發存公餘款購
置諸書目錄載在通志咸豐二年經兵燹無存三年修
復紳士捐置家藏多籍仍將書目鏤板存院其彙纂七
經各部同治五年巡撫李瀚章捐置也
湘水校經堂巡撫吳榮光建並題額內嵌膏火告示碑
暨其湘中述別詩
山齋宋安撫劉珙建於嶽麓山下久廢　本朝道光中
院長歐陽厚均復建題曰山齋舊址

杉菴晉太尉陶侃建久廢　本朝道光中安化兩江總督陶澍摹刻李北海碑建舍一楹嵌壁間院長歐陽厚均題陶桓公杉菴額於門

成德堂明長沙知府王秉良建後興廢不一今居講堂左即半學齋舊宅也

靜一堂巡撫周召南重建尋廢乾隆中巡撫李湖建監院署仍懸靜一堂額於內周召南題筆也

廟祀

大成殿先建於舊院前明正德二年守道吳世忠精堪輿更書院向改建今地　本朝康熙七年巡撫周召南葺而新之循舊制肖杏壇像四子侍焉二十四年巡撫丁思孔重修後屢有修葺陛䟫廊廡規制煥然春秋丁祭由長沙府領銀七兩不敷乾隆五十九年院長羅典集貲由巡鹽道交商生息祀事始稱美備咸豐二年經兵燹儀物無存三年春官紳及諸生捐款修復

崇聖祠在聖廟後山勢高二仞許初爲四箴亭嘉慶二

十三年院長歐陽厚均因亭就傾圮與同志謀移他所式廓其基創建今殿壁嵌祠記及助修捐貲黎文楠等姓名碑明副使曾如春朱張祠記湘潭李騰芳重修書院碑

文昌閣其始建也在周巡撫鼎新書院之歲閱百有五十年零陵貢生何龍光以獨力捐修　御書樓及今閣而祭田五十畝則先二歲院長袁名曜與同志黎光敎等醵金而置者也有碑記并契約祭租祭席碑均嵌右壁階東監按察使常名揚重修書院碑

嶽神廟在崇聖祠後高阜舊為六君子堂道光元年改為今廟壁嵌明楊茂元石刻朱張登赫曦臺聯句紫陽遺蹟考正禮儀更建書院圖像麓山講學八分書像贊安撫湖南諭降洞獠記又宋儒范氏心箴按察僉事張勉學祭朱張文　本朝巡撫周召南鼎建書院記提學岳宏譽遊嶽麓詩長沙府李拔辨志論勸學箴及齋亭樓閣等銘

魁星樓乾隆五十七年湖廣總督畢沅蒞星沙渡江校課指書院前平田中土阜曰斯地也若建魁星樓可以

發甲弁致金百兩謀始爲助修捐貲簡永豈等姓名碑
記及續修助貲易坤元等姓名碑記均嵌壁間
濂溪祠舊附主於賈太傅祠嘉慶中院長袁名曜始捐
建專祠於書院內詳藝文志後巡撫李堯棟以祠居崇
道右位置失序移建今地壁嵌祠記及千福寺碑石刻
所懸超然會太極額院長車萬育書也
四箴亭明正德二年改修　聖廟後建明倫堂尋圮嘉
靖九年長沙府潘鎰因其址建敬一亭中藏世宗敬一
箴及石刻程明道視聽言動四箴崇禎時改爲四箴亭

本朝嘉慶二十三年善化陳新同子啓伯移建今所
崇道祠卽朱張祠崇道之稱自明通判陳鋼始舊有專
祠久廢附主於四箴亭乾隆中創建今地仍以崇道額
之
六君子堂祀宋潭守朱洞李允則安撫劉珙山長周式
明通判陳鋼同知楊茂元本名蘇道祠明嘉靖間學道
許宗魯及同知楊表建　本朝嘉慶二十五年改遷於
今地舊志謂宜祀者不止六君子如元學正劉必大別
駕劉安仁明郡守錢澍王秉良孫存潘鎰季本指揮楊

溥郡守吳虛菴功俱不在六君子下院長因撥學正等九人姓名榜而懸諸堂所稱道行吳虛菴名也堂本濂溪舊祠故猶嵌院長袁名曜碑於壁閒

三閭大夫祠嘉慶元年長沙府張翽建自爲記與學政范鏊祭田記文俱詳後咸豐二年經兵燬住持僧維岳並將祭田碑記碎之爲侵沒計同治元年祠建復另招住持補刻碑記嵌壁

賈太傅祠舊祠址廢不可考創建屈子祠以其左建爲今祠左徒弟子宋玉唐勒景差漢太史司馬遷附焉

道鄉祠朱道鄉鄒浩十八世孫明學道鄒志隆建并置
祭田逮　本朝屢經當道及各院長清釐招僧住持歲
收租四十八石案存善化縣署學道鄒志隆巡撫趙申
喬院長歐陽厚均有碑記嵌祠壁間文詳後
李中丞祠祀李發甲也與屈賈祠同修位居右三祠惟
屈子祠置祭田嘉慶元年巡撫姜晟學政范鏊暨藩臬
監司捐給契存長沙府署歲收租壹百石園租雜稅有
差招僧主持香火並爲每歲修補之計祠龕附祀巡撫
丁思孔李湖陸燿大學士陳宏謀劉權之左爲院長鴻

臚少卿羅典專祠附祠於右者院長宋進士歐陽守道潭州教授顧杞明松江府知府熊宇左諭德張元忭攸縣貢生陳論善化教諭葉性　本朝兵科掌印給事中車萬育崇祀東流縣名宦李天柱吏科給事中周鼒江南道監察御史歐陽正煥宗人府主事王文清翰林院庶吉士曠敏本詹事府少卿張九鎰崇祀鄉賢李文炤旌表孝子易宗涒翰林院侍讀袁名曜又右爲院長浙江道監察御史歐陽厚均專祠同治五年八月建

聖誕致祭議

道光丙午春善慶受嶽麓書院主講之聘閱祭祀條規
內載書院於道光二十四年新增
聖誕會於八月二十七日致祭牲用少牢竊有所不安
於心爰進諸生而詢之僉云甲辰年因城南向有此舉
齋長及肄業諸生募資若干易得惜陰街園土每年取
息僅足備少牢並呈明立案可謂尊崇
先聖矣而未知所以尊崇之道因與諸生發策議之亦
藉以覘諸生學識而能對者得二十餘人或據公穀而

疑之或援史記索隱而信之或直以誕辰致祭爲非古
或又以誕辰致祭爲宜今或調停其說以爲雖不在祀
典而能效臧榮緒之拜五經以伸其景仰之情者聽致
覈斟酌各見至情夫祀
國之大典也無論誕辰致祭不免於瀆而以經費不足
減從少牢更不免於褻知尊崇
先聖而不知所以尊崇之道轉致於心不安於義未協
善慶曾備員史館恭讀乾隆三十三年
諭旨臧第元奏請增

至聖誕辰祭祀一摺殊非至理誕辰之說出於二氏爲
經傳所不載國家尊
師重道備極優崇釋奠二丁自有常制援據禮經實不
同於尋常廟祀且昔人於
孔子生日辨論紛紛尤難臆度况
孔子儒者之宗也尊
孔子當即以儒者所聞
孔子之道尊之戴第元乃欲於彝典之外輕增一祭轉
爲褻越而不足以昭隆禮士不通經所奏宜擲摺發還

欽此仰見

聖人會通典禮愼重考稽之至意凡大邑小鄉黉庠術序宜敬謹遵照以息羣說之疑而諸生或有執祭祀條規謂有其舉之莫敢廢也欲强善慶以非禮之禮膏瀆

先師于大典以自取戾則善慶戰慄恐懼固有所不敢也

附記近閱湖南通志卷一百四十六人物李元祿字涵萬與寧人乾隆庚戌恩貢幼孤事祖父母嫡母極孝養人嘗以八月二十七日孔子生日倡爲聖誕會

元祿爲文辨其誣妄援据經史凡數千言識者韙之
具徵此心此理之同俟他日訪求其文讀之

[illegible]麗[illegible]志　[illegible]卷一　[illegible]

[illegible]

田額

重建　聖廟興復書院所以尊　先師待後學爲
國家培養人才意至深遠也田額之數前志詳之然世遠年湮多爲見利忘義者影射欺侵不可卒問留心清復大非易事茲將前志舊紀新增諸田一一重記以備清查其由後捐置者另行登載若嘉慶中新墾各田本舊種桃花諸林廢爲若干畝皆係山頭地角例不升科孳其利以爲歲修之助亦前人興利之善舉也畝數奇零詳細備誌俾後之君子得披籍而稽以垂久遠焉

食田舊紀

道林寺前田三十畝（九十坵）外茶園一所每畝穀五斗共穀十五石

西林寺前田三十畝（一百八十五坵）每畝租五斗共穀十五石

牌坊邊大塘一口西林寺小塘五口屋基一所原額無糧業主廣慶外書院墻內田三畝今築爲西講堂郝家沖田二十七畝屋基園土　所大塘一口糧三石五斗其田星散不一業主周遊周志高報納租八石餘租除業主納糧

以上實在田共八十七畝除糧納外共穀三十八石溺善化二
縣十共銀八十二兩五錢弘治甲寅戊午等年糧刑官
彭琢李錫參議吳世忠監生李經甘節受共置

新增田地塘

碑亭山前十畝四十七坵內除一畝帮大門基墻外挑破一
畝
道林寺十畝大小二十五坵
以上實田十八畝每畝租六斗共穀十石八斗原額
開墾價銀二十兩業主黃安嘉靖丁亥知府王秉良

置

書院牌坊前後塘下田十一畝三十五坵每畝租五斗共穀五石五斗價八兩無糧道童蕭性庸買原無糧前代徐家屋場二十畝大小四十三畝外乾塘三口水圳一條茅屋三間每畝納租四斗共穀八石原開荒田軍舍吳進古僧益鐸告出補開墾銀五兩

赫曦亭山下八十畝一百四十二坵塘三口屋基一所茶坵十價十四兩六錢業主黃安

以上實田六十八畝共穀三十五石八斗知府孫存

置
長沙衛後所軍黄廷用黄釗隱開墾善化土墻頭坪上
等處無糧田數多縣民李應秀首出除秀與廷用共耕
五十畝與二家辦納原科米一石六斗五升外坪上小
坨尾廷用住塲四圍田一百零六畝五分大小八十五坵共穀
四十二石六斗屋塲一所　大坨下二十二畝六坵共穀
八石八斗
楊八溝余家嘴五十九畝五分三十三坵共穀二十三石八
斗　鷄頭湖荷葉塘十畝三坵納租四石

以上共無糧田一百九十八畝十一五百坵二穀七十九石二斗嘉靖戊子知府孫存申呈屯田道詹請入書院

長沙衛左所軍陳友賢等父祖寄居嶽麓隱舊額鴻門內二百五十畝十一九百坵八小塘五口糧一無升合賣與前所軍人譚玉每畝納租五斗共穀一百二十五石知府孫存清出以復書院

又查陳友智將迺塅蔭馬塘與人港鴻門外小沖口龍王井崎頭土南壼等處田六百六十畝私賣與軍人譚玉指揮張清楊溥王政皆書院孔十卞頃敷不能盡究俟

後之君子攷焉

按朱張二先生置田千畝柰世遠人亡多爲勢家所隱　嘉靖初奉　撫按詳允本府問斷長沙縣絶民劉光徹没入官田各地名坵畝號段開後

龍家冲四十畝買長沙民李萬甫田五十一坵水塘一口屋基一所糧二石每畝租五斗共穀二十石

八尺河五十畝買長沙民何政清田三十二坵屋基一所糧二石每畝租二斗共穀十石

小河邊二十畝買長沙衛軍周邦田十五坵屋基一所軍

糧一石每畝租二斗共穀四石

湖塘下四十八畝五分五三坵廿屋基一所買長沙民劉良善田糧二石五斗每畝租五斗共穀二十四石二斗

高小橋七十五畝坵廿九天井塘一口屋基一所糧三石五斗買長沙民易正甫田每畝租五斗共穀三十七石五斗

中州七畝買長沙民盧准田坵四糧一斗一升每畝租五斗共穀三石五斗

前所營十五畝典長沙縣民易允昌田坵七屋基一所糧

七斗每畝租三斗共穀四石五斗
高小橋二十六畝買長沙民易正元田四十五坵塘一口屋
基一所糧一石五斗每畝租五斗共穀十三石
天井湖七十畝買長沙民劉俊田四十三坵屋基一所糧三
石四斗每畝租二斗共穀十四石
易家湖一百零五畝買長沙民何興田四十一坵小塘一口
糧三石每畝二斗共穀二十一石
沱頭山二十三畝買長沙衞軍何金田十三坵水塘三口
屋基一所軍糧一石五斗每畝租五斗共穀十一石五

斗

扛葽坪十七畝買長沙民高勝玘田八坵屋基一所糧二石一斗六升每畝租五斗共穀十二石五斗

中州一百二十畝買長沙民盧清田五十四坵糧一石每畝租三斗共穀三十六石大壩湖一口納租六石

楓樹壠十畝買長沙民向文璁田三坵糧三斗五升花塘一口屋基一所每畝租二斗共穀二石

湖塘尾二十六畝五分買長沙民劉良善田三十七坵水塘一口屋基一所糧一石五斗每畝租五斗共穀十三石

二斗
包塘二十畝買長沙民劉習書田坵十一塘一口屋基一
所糧一石每畝租五斗共穀十石
煙竹塘二十五畝買長沙軍譚明玘田三八坵十水塘三口
屋基一所軍糧一石每畝租三斗共穀七石
神遊塘三十畝買長沙民蘇正甫田坵九屋基一所塘一
口糧二石一斗七升每畝租三斗共穀九石
谷塘灣七十畝買長沙民張友信田六二坵十塘一口糧一
石每畝租二斗共穀十四石

彭家壠九十八畝買長沙軍彭友宜田坵卄八屋基一所
屯糧三石五斗每畝租五斗共穀四十九石
天井湖五十三畝買長沙民劉高昊田坵五十糧一石七
斗每畝租二斗共穀十石六斗
黃沙港木瓜林七十畝買甯鄉民高倫田坵八十三糧二石
每畝租二斗共穀十四石
木瓜林十四畝買甯鄉高積彥田坵六十二屋基一所糧一
石每畝租二斗共穀二石八斗
董家壩三十畝買長沙民馬萬慶田坵六十三土壩一口糧

一石每畝租二斗共穀十八石
田湖尾二十七畝買長沙民譚伯億田坵二屋基一所
糧七斗每畝租二斗共穀五石四斗
長圫灣四十五畝買長沙民何倫田坵八屋基一所塘
二口糧二石每畝租三斗共穀十三石五斗
石株茆茨灣一百八十畝買長沙民吳魁方田六九坵屋
基一所糧二石八升每畝租三斗共穀五十四石
石株七十畝買長沙民羅必富田一九坵屋基三處塘一
口糧二石八斗每畝租五斗共穀三十五石

前所營烏山下十畝買長沙民易允昭田坵糧四斗每
畝租二斗共穀四石
土地壇四十四畝買長沙民易正甫田坵三屋基一所
糧二石五斗每畝租五斗共穀二十二石
踏過賞田一千四百四十九畝塘湖二十口住地二
十六所正糧五十一石八斗九升內子粒米七石共
租四百八十八石七斗絶民劉光徹田畝奉　撫院
黄　按院鄧顯奇　提學許會及布按守巡各處
准發書院收租供生徒動支修理知府孫存委照磨

崔文祿同業主田隣阡勘酌定糧差田種外定三則納租畫圖土名畝墩載書册二本附之郡邑收據仍載之志以杜隱占之弊云

以上新舊共田一千八百二十四畝共該穀六百五十二石五斗整　又

嘉靖己亥知府季本增入田穀

湘陰縣二十九都土名馬坨楊九和田五十六畝六分該米一十五石五升折納穀三十石一斗

李政田三十七畝七分該米十石三升折穀二十石

七升
王鉞田十八畝八分該米五石一升折穀十石三升
甯鄉四十九都地名板壁宋廷軌二十二畝水塘一
口共該米七斗五升折穀一石五斗七升
善化十七都地名暮橋湖賀東安湖田五畝該米七
斗五升折穀一石五斗
以上共租六十三石三升申詳巡按姚分巡臧批允
庚子同知林華增入田穀
甯鄉六十三都地名楔湖塘黃廷作原買劉經濃鄧

家灣等處低田七畝高田十畝二十九坵祖山後等處低田十八畝高田十五畝五分、四十坵鴛鴦塘一口屋基一所共田五十畝五分正糧七石一斗八升共租四十五石四斗內除完糧十四石三斗實納穀三十一石一斗

按田皆豪有力者佃去每年折銀赴府首領官繳候學道支用

萬麻丁巳學道鄉志隆增置道鄉臺田數

善化縣十五都地名龜塘業主譚延選田四十畝載

糧二石七斗零每年納租四十石整內除二十石完糧實交穀二十石整原交僧人本空領供祭祀今歸府學收

以上諸田前志已載今重錄之

祭田

御書樓後田十八坵嘉慶十四年新墾納租三石現佃張瑞臣

北海碑下田四坵嘉慶十四年新墾納租一石現佃黃義和

茅亭上田一坵園內二坵衕門塘上一坵下一坵嘉慶
十四年新墾共納租一石現佃黄義和
赫曦臺後田二坵衕門塘外田一坵園內二坵嘉慶十
四年新墾共納租三石現佃黄義和
荷葉塘田大小三坵嘉慶十四年新墾納租一石現佃
黄義和
道鄉祠下田大小八坵道光二年新墾納租二石現佃
黄義和
蟒蛇洞下田大小七坵道鄉祠前塘下小田二坵道光

十九年新墾柳家沖田三坵（圍外兩坵圍內一坵）道光二十年查出共田十二坵咸豐十一年議定納租二石五斗現佃毛運泰

文昌閣祭田

梧桐嘴三斗坑在魁星閣右水田六石糧載善化獄字區册名曾雨松戶下完糧九升五合正餉貳錢九分議定佃規銀一百六十兩納租四十一石現佃李洪魁

三閭大夫祭田

瓦店舖田十石糧載善化七都麓字二區册名羅湘彬

正餉銀一兩零八分南北米五斗六升八合議定佃規銀一百兩每歲納租一百石現佃劉國貴同治六年刑部侍郎鄭敦謹等捐錢四十千文交本祠住持收領生息以為歐陽山長祠每歲祭品香火之資

道鄉祠祭田

洞井舖和尚塘田四十畝餉銀二兩零七分六釐南北米共壹石零六升二合載善化洞字四十六區議佃規銀四十八兩每歲納租四十八石現佃楊金福

以上各祀田均通酌豐歉議租歲豐不得再加歲歉

不得求減

膏火田

通志載在長沙縣十九處計五百五十二畝在善化縣九處計四百五十畝在湘陰縣一處計田一百一十三畝二分零在甯鄉縣二處計田二百五十八畝零

七都古字區高峯山田五十六畝五分六釐零胡家灣田八十五畝七分八釐零嘉慶五年鹽法道達明阿捐置契存道庫

湘潭六都四甲泉汜水田八十畝長沙府學訓導羅元

貫捐置契存道庫

書院門首學田額租四十七石四斗九升册名胡百準於乾隆四十四年七月署長沙府王用鍔稟請將租穀四十七石四斗九升改撥爲館師食米照例碾米二十石零八斗九升五合其不敷米一石一斗零五合仍在善化縣倉支領道光二十年五月善化縣吳禮耕接佃另給有牌照

以上膏火諸田皆係官爲收租經理由善化縣碾米每月同道庫膏火銀一體按課額給發其田額租繳

故不悉錄

歲修田

湖頭上田三十畝糧坐善化六都鑑字一百五十區餉銀五錢五分南北米照科每年收租二十七石送交書院收儲道光十年庚寅善化劉賀氏同子一元元基元動捐現佃蕭馥齋佃規銀一百兩存首事手

楠木莊洞牛舖天竺莊三處○按楠木天竺二兩區有歸嶽麓歲修者有歸城南膏火者今均未由書院經理○又按洞牛舖牛字當井字之誤

朱張渡食田

長沙縣六都土城頭毛塅子高低田共八石在瀠灣市下每年納旱穀租二十二石歸首上收納遲穀租六十六石給渡夫收又田一坵嘉慶二十年清出另納租二石充歲修均雍正十一年善化劉克昌捐置　又土城頭田三坵餉銀二錢五分三釐南北米共一斗二升零九合嘉慶二十年善化楊心喻捐作　文昌祭田二十二年由文昌閣撥入爲油艌費收租八石

以上共實租九十八石并無他租在內

六都南沖南字區田六石每歲除佃戶承完糧餉外原納租六十一石後改爲五十五石五斗今納租五十一石八斗五升歸首士收嘉慶十七年寗鄉劉鉅河捐置

郭司橋每年押種租穀二十石首士渡夫平收　按此項據云屢年未收應亟清查以杜侵蝕

靈官渡巷內舖屋一所計七進每歲佃租錢三十二千文咸豐二年兵燹尚待修理又張公橋上手老岸舖屋一所計三棟每歲佃租錢十五千二百四十文均湘陰紫先廣先哲兄弟捐置

善化歲貢楊振聲捐銀一百二十兩交首事生息充歲

修

書院雜款

善化五舖地名惜陰街一帶園土租額咸豐十一年重定

一現佃吳正昌佃規銀二十兩每歲納租錢六千六百

文

一現佃鄧閣臺佃規銀二十五兩每年納租錢十八千

文

一現佃唐天兆李玉書佃規銀三十兩每年納租錢十

七千文

書院附近一帶圍土屋宇租額其無栅園者屋宇并入祭田內納租

進德齋夫黃義和每年納租錢三千三百文

居業齋夫毛運泰每年納租錢八百文

更夫胡宏萬每年納租錢二千八百文

看書王三和每年納租錢二千三百文

堂夫李慶和每年納租錢二千文

明道齋夫王家和每年納屋租錢壹千文

附錄公襃祀典呈詞

嶽麓書院肄業生貢歐陽厚垣魏甯邦蕭擴信王恆性李本敏黃齋斌陳炳林秀坤王景元羅煜魏顯敬曹明溪黃文爚呈稱以嶽麓爲鍾靈勝地書院本習禮名區舊制　聖廟並置羣祠　大成崇修廟貌設四配十哲而禮器攸隆兩廡森列宮牆合先賢諸儒而儀文祗率文昌高閣黍稷維馨魁星危樓蘋藻是薦二程氏理學修明建亭而享祀不廢六君子經營締造升堂而俎豆維虔淵源道脉朱張祠奉以明禋流寓遺踪道鄉臺將

其右享恭逢
聖天子昌明文教各上憲崇尚彝章每當春秋二祭於
折租項内撥費七兩由監院官具文赴郡守署請領給
發置備牲醴遵行在案惟各廟設祭凡十五處計每年
經費只十四金修舉欲其完全度支實爲缺少每值丁
祭肄業諸生捐資助享豐儉無定久遠難期爰約同志
各竭微忱共捐九八色銀二百兩以之逐年生利冀可
歷久常新第涓埃雖出葵誠庇蔭尚資鴻力伏查前道
憲西因城南書院　聖廟缺少春秋祭費於乾隆五十

六年詳請提出餘息銀一百兩發交湘潭縣典商營運每月一分五釐行息遇閏加增按季解交道庫每逢春秋二祭先期請領備辦在案陳事原有可循新猷定看丕振謹將所捐銀二百兩呈繳崇轅恭惟大人重禮尊儒昭事神聖伏懇據情賞准照例施行具詳存案將所繳捐銀檄發潭令交典商每月一分五釐行息許每年應獲息銀三十六兩遇閏加增銀三兩按季解存憲庫二仲祀事監院官先期具文請領每祭發給銀十八兩益宏德化泐碑以示將來備案以存定式庶隣黌鐘鼓

儀章共泗水以常昭澤國篤於福恩並麓山兩俱辦沾
恩上呈

附錄稟案

湖南鹽法道達　爲朋資公褒祠典續懇永定章程事據嶽麓書院肄業生歐陽厚垣等呈稱云云職道察嶽麓書院舊建　聖廟並置羣祠每當春秋二祭由監院官具文在於長沙府庫存貯折租項下動支銀七兩發給備辦牲醴由府開銷兩書院師生食米册內造報茲據呈各廟設祭凡十五處所領銀兩不敷備辦每值丁

祭係肄業諸生捐貲助享豐儉無定久遠難期各生樂
勷祀典共捐九八色銀二百兩交典商營運年獲息銀
以作春秋二祀之費籲懇具詳前來職道查乾隆五十
六年前陞道西因城南書院　聖廟缺少春秋祭費提
出乾隆四十六年紳士捐修嶽麓書院用剩銀兩節年
生息存銀一百兩詳明前憲馮發交湘潭縣各典商承
領以備祭費在案今嶽麓書院設祭凡十五處所有動
支府庫折租銀兩不敷備辦雖諸生捐貲助享誠恐久
遠難期該生等既樂公捐以襄祀典亦屬盛事似應俯

如所請將所捐銀二百兩援照城南書院之例發交湘潭縣各典商分領營運每兩每月一分五釐生息計年獲息銀三十六兩遇閏加增銀三兩按季繳道每祭監院官先期赴道具領發給銀十八兩遇閏之年每祭發給銀十九兩五錢以作嶽麓書院幫辦祭祀之費庶俎豆攸隆無虞度支缺少矣是否有當理合具文呈詳伏乞 憲臺俯賜查核批示飭遵等因奉批查該生等捐銀二百兩請交典生息幫辦書院祭祀之費殊屬可嘉仰即將所捐銀兩飭發湘潭縣交典營運起息按季繳

道臨時給領備用仍於年底另册報銷奉此合就檄行
爲此仰學官識卽便遵照毋違
文鈔案前項肄業書院生貢公捐生息銀兩添補祭
祀之費自嘉慶元年丙辰起迄今已三十餘年因前
道光壬午年有閏之年監院具領文內遺漏閏月息銀
未經發給嗣卽具文補領由道駁飭以祭已辦竣應
將閏月息銀三兩存庫迨丁亥又值閏年監院先期
詳悉叙明請領奉到道札始知業已詳撫批准以祭
需歲有定額不應過閏加增所有閏月息銀三兩歸

後抑存道庫充公諸生聞之僉謂書院辦祭從前凡十五處自嘉慶年間陸續勸項與修及捐建祠宇又增十有二處歲支捐項息銀尚不敷用師生量力捐助共襄祀典今閏月息銀爲數止有三兩三年一閏積至百年方得百金究於道庫何濟衆口一詞隨聲附和因急爲止之告以經費有常原應節愼隨時損益當道自有權衡縫掖儒生焉知政體何得肆口輕談嗣後每值閏年照札支領如有不敷師生再行捐辦祭祀大典毋得苟簡將事而已

文昌田契　存監道著

立契掃賣田塘山場屋宇基地荒山園山竹木禾場糞凼等項僧素文得權上乘慈愷等三房人商議今因移業就業愿將祖遺關分地名梧桐嘴三斗沖荒熟水田陸石其田不計坵數粮載善邑七都嶽字區册名僧雨松戶下完納粮米玖升伍合正餉銀貳錢玖分庄屋一棟廂房雜屋槽門樓枕窗格包皮門片俱全屋後菜園一隻週圍壕堤竹木成林田邊大樹二株私塘三口其田南抵簡姓田為界西抵學田為界東抵自山為界北

抵荷葉塘爲界屋後山一岸騎崙分水爲界又東岸園
山一岸松樹成林東抵羅姓山騎崙分水爲界南抵簡
姓山有壕堤爲界北抵羅姓山有壕堤爲界又南岸山
一岸松樹成林齋　奎星樓有壕堤爲界以上等項概
行出售儘問親房人等俱稱不受央請中人胡文學劉
良春等說合嶽麓書院肄業生監稟請掌教袁　公捐
銀兩買置　文昌閣祭田當得時值九五色價銀壹千
零陸拾伍兩正係伊蔡文等親手領足未少分釐毫無
外費其田山當日幷對明白凡荒熟田畝及塘壩陂坪

無論已載未載並無互混及重行典當謀勒準折等情自賣之後倘有不清出筆僧理落不與書院相干今欲有憑立此絕賣契一紙並老契兌約合約付書院永遠收執爲據

計批山內墳塋各墳主不得越界進葬並不得藉墳砍伐又生基拾肆個只准賣主安厝一棺不得砍伐

嘉慶丁丑年八月十八日僧素文得權上乘慈燈川石

楚鏡立筆

附惜陰街契批

一原買歐陽嗣耀業園土一帶茅屋一棟共十二間瓦屋一棟共三間水井四口糞堀四个水塘一口茅山一隻橘樹雜樹成林 一原買鄧道 業店房一 棟後圯廢爲菜園園土水井糞堀俱全 一原買鄭吳氏業茅屋一棟共九間井一口樹木成林以上三業園土一連無間前抵官路後抵金庭公庄右抵馬家巷左抵養濟院及茅山倒水爲界糧坐善化五鋪八都天字一區餉共一錢八分一釐南北米共九升四合八勺五抄其庄房門片窗格水規門架堦簷基石離笆竹門槽門門片俱

全水井俱有車架鄧姓園內一墳只許掛掃不准進葬
茅山上之墳俱不准進葬

佃稟

立佃約某人今佃到嶽麓書院　文昌閣祭田陸石地名三斗沖水塘三口獨管獨蔭每年議納府斛租肆拾壹石秋收送至書院上倉外無雜項供給憑引進出備佃規九五色錢平銀壹伯陸拾兩正倘租穀不清卽遂佃戶出庄將佃規銀兩照時價扣除或遇大旱請憑門堂夫四齋齋夫眼同收割將所收之穀作三股分開以

一股作租穀送倉佃戶應得二股小旱不得藉口減租其山場園山荒山皆佃戶蓄禁取用不得任人砍樹進葬各塘基務須佃戶每年修築完固隨時收水如或疎漏亦不得求減租穀如佃戶不種將原色銀兩退還住屋一所正屋廈屋廂房槽門共九間屋內桁櫞樓栿門片俱全日後佃戶出庄稍有損壞照時價扣賠其田畝正餉糧米冊名七都嶽字一區　文昌閣戶下每年秋收佃戶承領租穀貳石伍斗完納糧餉倘漏完係佃戶賠繳所收每年串票退田之日交出又每年二月初三

日祭牛一牽亦係佃戶先年承領扣存租穀貳石伍斗買牛喂養候祭祀先一日牽殺燗洗聽用祭後全牛皮肉退交佃戶發賣以上承完根餉買殺牛牲共扣穀伍石只送叁拾陸石租穀上倉自佃之後如有漏完根餉貽誤祭牛及爲非作歹等事任書院送究此據

△佃規租穀章程

議佃規銀壹伯陸拾兩租穀肆拾壹石除每年以租穀伍石交佃戶折完根餉及先年買辦祭牛外餘穀叁拾陸石每年八月丁祭後一日送倉交門堂夫車收封鎖

定於次年正月二十五日隨市價貴賤發糶不得先期後期以二拾兩儘數作二月初三日祭祀費用餘銀隨多少酌量修飾　聖廟文昌閣奎光閣等處或添補祭器燈綵不必餘留致滋煩瑣其佃規租穀數目原係通計豐歉酌定不貴不賤永定章程此後如遇小旱不得聽佃戶逞刁求減田價稍貴亦不得加銀加租庶佃戶可圖久遠不致紛更此議

道鄉祭田稟案碑嵌嶽麓寺壁

湖廣長沙府善化縣正堂加一級蔡　爲官劣朋謀等

事康熙五十三年四月十四日奉
湖廣長沙府正堂加一級薛　憲牌內開康熙五十三
年四月初七日奉
湖廣湖南等處承宣布政使司加一級阿　憲牌內開
康熙五十三年四月初三日奉
護理巡撫偏沅等處地方提督軍務兼理粮餉都察院
右副都御史印務布政使司加一級阿　批據該府呈
詳查看得宋道鄉鄒忠公裔孫鄒言正呈追道鄉公祭
田一案卑職　業經訊供查誌申詳藩司轉詳嗣因唐成

一呈報田在學田坡而長沙府儒學又將唐芳也所耕借陰書院之田含糊具詳致奉　前院飭查卑職亦又詳明藩司委丈去後旋據丈無着落而且俱與道鄉祭田無涉復查洞井舖即龜塘之小地名而册名相符地名畝數亦相合業主又却姓鄒田爲有着弟因事遠年湮故請分祭以免株累已蒙藩司轉詳　憲臺批允在案今鄒言正復行呈訴奉　憲批令卑職再行議詳在言正固屬表揚潛白之孝思而益仰見　憲臺釐剔至當之盛意卑職何敢不爲詳查以副盛舉但此案册卷

具存時值農忙似可毋庸再訊以滋拖累今將岳誌及
各供與册卷并黃縹呈驗之契再加細核詳請　乾斷
者也查岳誌內原載有鄒督學於萬歷丁巳年增置道
鄉田在善化縣十五都地名龜塘業主譚延遷田四十
畝每年納租四十石除二十石完糧外實交租谷二十
石交原僧人本空領供祭祀今歸府學等語卑職前衙
該區公正游依仁供稱康熙三十年淸丈洞井舖學田
三十三畝零熟田七畝零荒田有丈册可稽其洞井舖
係龜塘尾之小地名隨查康熙三十年丈册內開譚再

富熟田三十三畝三分四釐零荒田五畝三分六釐零
是丈册已與公正所供相符又查康熙四十三年公正
游依仁盛仰止等在縣呈報鄒道鄉祭田坐落龜塘四
十畝今更册名譚再富譚相卿每年納府學租其善化
縣前令章成於四十五年陋弊未除等事案內詳前藩
司轉奉　前憲行查學田章令訊據生員杜祖性等供
這譚相卿佃耕的田四十畝是萬歷丁巳年有學道鄒
志隆置買崇祀鄒道鄉公的祭田現今在府學收租坐
落地名龜塘離城二十里並不是學田等語詳明　前

憲批詳在案是譚相卿現耕之學田即鄒道鄉之祭田
亦經　前憲行查有卷是亦卑職　前詳册名與地名畝
數俱相脗合即黃宦後裔黃鏕卑職　前經訊據供稱伊
祖黃學謙於前明崇禎四年買之鄒楚送入府學以供
伊祖黃寶鄉賢祀祭執有印契稟摺糧票為據伊時驗
其契內之印乃係本朝府印又未經開明何年日月某
任府官所給印照字樣而稟摺與糧票亦皆含糊是以
卑職於上年俱經備敘詳明藩司轉詳在案今復弔驗
不但無年月日期而月印文滿字似與卑職現用印文

互異其中賾有捏造情弊按此明屬 鼎革之初奸人
舞法以致隱占而該學未經察明互相傳管若非 憲
臺復准清查則其弊源猶未清剔茲已細核查明疑團
剖析 卑職 前詳飭學分祭之請殊爲未協合毋仰請
憲恩俯賜慈宥其譚相鄉現耕龜塘尾小地名洞井鋪
之田四十畝應否行縣查明四至坵畝造册鈐印仍給
岳麓僧人收管另召佃耕除完糧外餘租俱供朱道鄉
鄒忠公祭祀以符誌册並令勒石永垂不朽其黃鑣係
執父祖所遺而又屢經

恩赦應否邀恩從寬免議仍將契稾糧票一並燬銷以
杜爭端是否允協卑職未敢擅便合將黃鑣呈驗批照
一宗田契一紙稾一合糧票十一張善化縣陋弊未除
等事一案文卷二宗詳賫憲臺電奪批示遵行等因
奉批查閱黃鑣所執印照二紙均係假印顯有舞法作
奸情弊念係屢
赦以前姑從寬免究餘如府議行仰布政司轉飭遵照
繳照契稾票縣卷併發奉此合就轉行備牌行府照文
事理卽便遵照無違等因奉此合就飭知爲此仰縣官

吏查照來文事理文到迅卽遵照立將龜塘尾澗井舖譚相卿所耕田四十畝查明造具四至坵畝清册鈐印給付岳麓僧人收管另召佃耕每年租穀除完糧餉外餘租俱供朱道鄉鄒忠公祭祀該縣仍速勒石永垂不朽出具墨刻碑文賫府轉賫其黃鐮所呈假契及照票已經銷燬其黃鐮係祖父所遺屢赦以前姑從寬免一體遵照無違等因奉此合行勒石永垂不朽須至牌者

右牌仰善化縣准此

請重修道鄉祠並查究僧人呈詞

具呈嶽麓書院肄業生唐鍾澤劉　照周經邦吳　遴黃振本俞蔣枝盧運亨貢欽堯等爲呈請申詳事查嶽麓舊有道鄉臺南軒張子所築以表諫官鄒浩字道鄉朱子復爲之刻石立碑明萬歷閒學使鄒志隆建祠奉祀並置祠田碑記具在　國朝康熙年閒巡撫趙恭毅公復改卜建祠春秋致祭並撥碑清釐祠田以資香火亦有碑記俱嵌在祠壁日久廢弛乾隆壬寅癸卯閒羅鴻臚掌教時見祠門扃閉香火鈌如祠田多被侵佔復率肄業生修葺祠宇按碑清出田畝召僧住持奉祀香

燈每月朔望行香春秋兩祭俱係書院師生捐辦歲以爲常迄今罔替惟祠宇閱歲既久道光初年雖經監院報修工程並不完固今山門及左右後墻俱皆裂縫欹斜簷瓦多有破漏若不及時修理勢必日就傾頹呈懇老師申詳　鹽憲大人迅賜勘估動項大加修葺以免坍塌抑再有請者該祠看守僧人歷由山長選擇先係善化六都關廟僧憕元住持因該僧患病自行告退近年另擇南城外洪恩寺悅來接充詎悅來於上年病故其徒超凡年幼不諳並未在祠看守且聞有私向耕佃

加增佃規肥已情事旣增佃規難保無私減額租之弊
應請一併查明究辦以存古蹟而垂久遠實為德便上
呈　　日呈
道光二十年閏三月
查祠宇自戴監院據呈請修詳奉　鹽憲高　委
員勘估於道光二十二年發項拆修添造堂宇共
五楹改大門由中路歷階而上門左右修八字墻
規模校舊祠式廓矣又查另招僧人雲松看守復
以食用不敷告退後由萬壽寺經理亦無住祠者
壽於咸豐丁巳年間公議歲租併歸書院另僱長

老一名歲給穀八石責成住祠供應香火及看守臺宇竹木等項其糧餉祭祀及修理之費均由書院開銷庶足圖永久也附記

湖頭捐契　道光十年十一月初八日

立捐契劉賀氏仝子一元元基元勛孫朝幹朝翰朝經朝琨朝翊朝炯朝采朝柱等今將契買藕章亭地名善化六都湖頭上梘角子時田叁拾畝大小十八坵其田自茶盤坵起至茶盤四畝竹篙坵方二畝灣二畝止均係大湖皂角塘注蔭細長塘邊五畝坵係大長塘一口均係照額車放注蔭皂角塘一口細長塘內長井一隻俱係獨管大湖內大井一隻除蔭五分四坵外餘照額徹底車蔭以上塘湖均存歷接鐵符垻楊家灣馬王廟白泮餘水

由圳由田一路灌注無阻糧載十六都鑑字一百五十區
册名蕭八業正餉銀五錢五分南北米照科以上買自
蕭章亭之業概行捐入嶽麓書院以作歲修之費請憑
楊璋魏綝庭李士瑤張燮本李士善張國泰周福田等
書立捐契交書院首士收執聽其召佃收租所有田塘
界址蔭注概行扦劄明白照老契約據管理今欲有憑
立此捐契一紙并老契二紙胡萬貲兄弟許接鐵符壩
餘水字一紙李旭齋允過水字一紙概付首士永執為
據

朱張渡捐約

立捐約蔡先廣同弟先哲今將置買歐陽信甫善化縣鹽官渡巷內坐南朝北鋪屋壹所計七進又張公橋上手老岸鋪屋壹所計三棟其兩處抵界以及鋪屋房間門片等項俱載歐陽售契自愿捐入嶽麓書院歲收租息作朱張渡船夫每歲食用之費自捐之後屋聽書院首士招佃收租立此捐約一紙並發各老契五紙付書院內公箱收存爲據　　批買價計錢陸伯千文

按書院公箱歐陽坦齋掌院時已壞無存所有湖頭

租自道光十一年辛卯歲起俱係朱張渡首事借用所存契紙各約於道光二十四年由城內紳庠概行取去未存書院矣至咸豐丁巳年閒始將原捐租谷收歸書院同治六年始將糧餉歸書院淸還併將契紙各約存新製小木箱內

捐費呈詞

咸豐十一年十月二十三日具呈嶽麓書院齋長偪良然顧壽世肄業生陳世璈張增祖周純傳龔承鈞傅澤鴻曾邦憲周文藻譚德彥爲呈懇存案事道光十一年

善邑歲貢生楊振聲將所典南關外葉姓舖屋捐與嶽麓書院收稅爲朱張渡艕船及渡夫工食等費當經齋長劉攀桂高倬書渡船首士張國賢陳賜元劉喈等稟懇飭房存案嗣於二十三年允葉取贖所有原價銀一百二十兩交接管首士唐鼎堂經理生息又經肄業生盧運亨周濂蔡友龍張琴劉聯桂高倬書萬景清黃之炳等稟懇飭房存案道光三十年首士張宏甫典得楊筱岩田年收穀二十石又經齋長宋熾昌蔣春元等稟懇飭房存案迄今咸豐十一年八月初一日楊備原價

贖田所有原銀一百二十兩當交現管首士張諧五經理雖歷來首士接管不一人而刻下經手張寶有專責當不忍埋没楊人義舉將見善意永存諒不至假公吞公以致廢公繼懇

大父師賞即飭房併歸原案存查庶不没楊貢生之善舉亦不缺朱張渡之費用利濟攸關實爲德便上禀

請復舊規公牒

上駱大中丞書　咸豐十年

爲請復書院舊規以杜弊端而收實效事竊照書院爲育才之地給之膏火優以安居原欲其專志下帷屏絶應酬以取日知之益其規條皆陳文恭公酌定板藏監署約束嚴整並無流弊蓋當時拔取正附課生監周未有不住齋者也自道光年間城南書院移建城外一切規模悉崇寬大彼時監院不免有怠於事而書吏等因而作奸者遂改爲不住齋者亦給以膏火此之謂因循

爾之流弊而廢長久之良法也良法廢而其弊愈不可禁當年考甄別者不滿千人自變法後考者多至三四千人外務聲華之盛內結奔競之緣百弊叢生而寒畯之所苦者多矣睹如此情形尚能恝然而已乎然而言之屢矣咸以政之大者莫若刑錢自軍興以來又以整軍爲急餘皆在所緩也者不知學校爲風化之原士習端則民風自厚欲端士習莫若復陳文恭公舊規而恪守之自然弊無從滋而效可徐覩夫政莫大於教養
大中丞榮蒞楚南覈減浮糧一案民不能忘所以養民

者其利溥矣公廉明察正己率屬固不啻以身致矣然
麓正士習似言敎亦有不容已者拔一省之俊髦與之
敦崇正學所以圖利我
國家者不且同陳桂林相國後先輝映也哉

復上駱大中丞書 咸豐十年

爲書院節省項下請籌款仍復舊規事按照咸豐五年
因軍需浩繁所有書院束修薪水月課獎賞雜用等項
及兩書院監院膏火均酌減給發除束修薪水祭祀息
銀月課獎賞於七年仍復舊規外所餘議減之項本屬

無多若不加意殊於體制有關監院辦公亦有責成似宜加體恤概行復舊至五年議減正副課額亦請酌量收復前撫吳荷屋中丞向有中式花紅獎賞歸長沙府經理亦因軍需提用至七年丁巳補行壬子乙卯兩科鄉試經長沙府籌款彌補按中式名數均勻給領此在書院之外者矧在歷年有銷算之款乎明年輪值通省選拔之期辛酉正科又當補行巳未　恩科遠方負笈來書院肄業者必衆所有議減課額似應行籌款復舊向來甄別留正副二十名聽學政隨棚咨送皆係本身

並無捏冒取其有志向上資質可以造就不必遽優於
文也似應隨時考試次補以復舊規凡此皆因時制宜
應行參酌者也
附錄書院舊規
館師每年束修薪水共銀四百四十四兩按季支送
聘金起館贄儀酒席三節節儀壽儀共銀四十兩按
時致送舟資腳費與金雜費十二兩於續籌加款項
下動支按季致送置備什物暨涼棚等項約計銀二
十餘兩於加增膏火項下動支

監院每年膳資銀三十六兩按季支發

正課生監六十八名每名每月給膏火銀一兩附課

生監七十名每名每月給膏火銀五錢均按月支發

每年以起館日開支散館日截止鄉試之年額廣正

課二十名附課十名膏火一例按月支發

附錄給發膏火章程

每月膏火由鹽道衙門包封於官課次日并月米委

交知縣以上官親到書院會同監院按名給領以杜

尅扣之弊

齋長二名每名每月給銀一兩
館課獎賞每課銀五兩六錢於膏火項下動支
月課卷價於額增膏火項下動支
鄉試之年每名卷價銀壹錢二分按課額給發
中式花紅道光十一年九月巡撫吳榮光在藩司任
內發銀一千兩交長沙府以每月一分生息統以每
科八月前所得息銀按嶽城兩書院肄業生監中式
名數若干一體由府均勻給領副榜減半
書役門堂齋夫人等每年其支銀九十一兩七錢按

季支發
各齋置備什物等項通約十餘兩於加增膏火項下
動支
按自有軍務以來籌餉多方覈查各款奉到部文
每銀一兩扣存六分以濟京餉惟祭祀款項不扣
置備什物暨涼蓬等減半給領月課卷價及陪獎
度歲各項均奉裁附記

書院條規

順治九年題準刊立卧碑置於明倫堂之左曉示生員

朝廷建立學校選取生員免其丁糧厚其廪膳設學院

學道學官以教之各衙門官以禮相待全要養成賢才

以供　朝廷之用諸生皆當上報　國恩下立人品所

有教條開列於後

一生員之家父母賢智者子當受教父母愚魯或有非

爲者子既讀書明理當再三懇告使父母不陷於危亡

一生員立志當學爲忠臣清官書史所載忠清事蹟務

須互相講究凡利國愛民之事更宜留心

一生員居心忠厚正直讀書方有實用出仕必作良吏若心術邪刻讀書必無成就爲官必取禍患行害人之事往往自殺其身常宜思省

一生員不可干求官長交結勢要希圖進身若果心善德全上天知之必加以福

一生員當愛身忍性凡有司官衙門不可輕入即有切己之事只許家人代告不許干與他人詞訟他人亦不許牽連生員作證

一爲學當尊敬先生若講說皆須誠心聽受如有未明從容再問勿妄行辨難爲師亦當盡心教訓勿致怠惰

一軍民一切利病不許生員上書陳言如有一言建白以違制論黜革治罪

一生員不許糾黨多人立盟結社把持官府武斷鄉曲所作文字不許妄行刊刻違者聽提調官治罪

獲蘭刻元　卷一

康熙四十一年
御製訓飭士子文
國家建立學校原以興行教化作育人材典至渥也朕
臨御以來隆師重儒加意庠序近復慎簡學使釐剔弊
端務期風教修明賢才蔚起庶幾棫樸作人之意乃比
年士習未端儒效罕著雖因內外臣工奉行未能盡善
亦由爾諸生積錮已久猝難改易之故也兹特親製訓
言再加警飭爾諸生其敬聽之從來學者先立品行次
及文學學術事功原委有叙爾諸生幼聞庭訓長立宮

牆朝夕誦讀甯無究心必也躬修實踐砥礪廉隅敦孝順以事親秉忠貞以立志窮經考業勿雜荒誕之談取友親師悉化驕盈之氣文章歸於醇雅毋事浮華軌度式於規繩最防蕩軼子衿佻達自昔所譏尚行止有虧雖讀書何益若夫宅心勿淑行己多愆或蜚語流言挾制官長或隱糧包訟出入公門或唆撥猾姦欺孤凌弱或招呼朋類結社邀盟乃如之人名教不容鄉黨勿齒縱倖脫褫扑濫竊章縫返之於衷寧無愧乎況夫鄉會科名乃掄才大典關係尤鉅士子果有實學何患困不

逢年顧乃標榜虛名暗通聲氣貪緣詭遇罔顧身家又或改竄鄉貫希圖進取囂凌騰沸網利營私種種弊端深可痛恨且夫士子出身之始尤貴以正若茲厥初拜獻便已作奸犯科則異日敗檢踰閑何所不至又安望其秉公持正爲國家宣猷樹績膺後先疏附之選哉朕用嘉惠爾等故不禁反復惓惓頒茲訓言爾等務共體朕心恪遵明訓一切痛加改省爭自濯磨積行勤學以圖上進國家三年登造束帛弓旌不特爾身有榮卽爾祖父亦增光寵矣逢時得志甯俟他求哉若乃視爲具

文玩愒勿儆毀方躍冶暴棄自甘則是爾等冥頑無知終不能率教也既負栽培復干咎戾王章具在朕亦不能為爾等寬矣自茲以往內而國學外而直省鄉校凡學臣師長皆有司鐸之責者並宜傳集諸生多方董勸以副朕懷否則職業勿修咎亦難逭勿謂朕言之不豫也爾多士尚敬聽之

書院教條

處以崇居優以厚餼詎徒爲安飽計哉卽使文藝優長而身心檢束有虧揆諸聖賢教人之法已大相謬戾朱子云苟知理之當然而責其身以必然則夫規矩禁防之具豈待他人設之而後有所持循哉近世於學有規其待學者已爲淺矣朱子之意蓋謂學者之自省當必有嚴於彼者乃有規而猶不能守正不知其自待爲奚若也兹特取往訓之簡明深切者錄之幷自附取友戒一則於後非必淺待學者也顧以備有志者之自省焉

朱子忠孝廉節四大字石刻嵌講堂左右壁閒捐泐王粹涵等姓名附

王九溪先生學規

一時常省問父母　一朔望恭謁聖賢

一氣習各矯偏處　一舉止整齊嚴肅

一服食宜從儉素　一外事毫不可干

一行坐必依齒序　一痛戒訐長毀短

一損友必須拒絕　一不可閒談廢時

一日講經書三起　一日看綱目數頁

一通曉時務物理　一參讀古文詩賦
一讀書必須過筆　一會課按刻蚤完
一夜讀仍戒晏起　一疑誤定要力爭
王九溪先生讀經六法
一正義　二通義　三餘義　四疑義　五異義
六辨義
王九溪先生讀史六法
一記事實　二玩書法　三原治亂　四考時勢
五論心術　六取議論

王九溪先生學箴九首

告我同齋學先孝弟景彼古人明天蹐地隨分自盡殷
勤問視一念之誠亦可養志
力學何爲變化氣質氣質有偏好惡擀僻懲忿窒欲式
砭其疾嚴肅整齊下手要術
瞬息千里日勇日謙勇以進取謙受益焉匪用匪冑何
以攻堅不就規矩不成方圓
士先有守壁立萬仞可窮可達君子所性相彼腥羶何
如土糞彼嵬者子競以身徇

攻錯維何慎擇其友豈無良苗雜彼稂莠近墨者緇十
有八九願得同心盍簪納牖
裘馬翩翩識者所醜飯可斷齏襟可見肘幷力購書百
城富有可以樂饑千秋尚友
日月不滅萬古六經囊括萬有韜孕經綸史書廿二綱
目星陳如何不學長夜迷津
人求多聞時惟建事治事有齋蘇湖之制禮樂兵農經
天緯地錯節盤根用無不利
豈無虛車偶遊詩賦騷耶辨耶亦李亦杜維三百篇風

人之祖勿爲佚情名教是輔

曠魯之先生六箴

言有教

立言垂教片辭居要守口如瓶常思可道居業立誠乃是則躁吐辭爲經原本忠孝上繫朝廷下關學校出身加民千里則傚信若蓍龜懍如訓誥非法不言聖賢是效

動有法

一身之動吉凶恆共非法不行非幾勿貢如涉春氷厲

屬洞洞毋曰幽隱居獨若衆外無招尤內常自訟膂力
無圓倫慮皆中泰山喬嶽差堪比重時止時行祥麟威
鳳
　晝有爲
衆萬雜糅人得其秀君親生成恩同高厚夜氣清明梏
亡旦晝子淵有爲聿追虞后焚香告天百爲無疚心與
身讐功無滲漏日就月將鼎新革舊視履考祥自天福
佑
　宵有得

萬籟寂寥，結念雲霄。惜陰待旦，秉燭焚膏。砥節礪行，冥冥昭昭。行道有得，娛茲清宵。夢寐見旦，羹牆見堯。孔顏樂處，曲肱簞瓢。環堵一榻，物與民胞。中夜起舞，性地囂囂。

息有養

今來古往，上天下壤。半子循環，一元鼓盪。一息百年，繫於所養。養氣養志，功無助長。終食乾乾，七日晃晃。息之深深，體胖心廣。冰鑑比瑩，玉壺共朗。逝者如斯，會心川上。

瞬有存

貞元迭運光陰電迅人參兩大寶惟方寸敬勝義勝心
淵相印作聖作狂判於轉瞬利善之間朝蹠暮舜閑邪
存誠窒欲懲忿臨淵履冰功歸戒慎人禽幾希勉强學
問

歐陽堯章先生書整齊嚴肅四大字石刻列講堂外捐
湘彭兆桂等名附

示諸生一則

先民亦有言涵養在主敬心放而勿收形懈縱之病癥

蕩逐朋從紛華緣物競頹然自肆者漫云希賢聖制外
以養中主靜以定性翼如瞻視尊儼若衣冠正暗室屋
漏時如聞武公詠視聽言動閑從事顏子請規矩不可
越戲渝常自儆勿謂嚬笑微人欲所由横勿謂勉强難
力行我爲政嘗試覽狂徒能無憂怲怲願言師伊川毋
與非僻近檄身以治心心莊身益勁天君既泰然百體
始從令書此揭座隅懸作媸妍鏡

歐陽坦齋先生擬勵志詩九首

粤宛大圓萬物之橐若鼓有[illegible]　恆生吹落日月如環寒

晷相錯來者爲今去日成昨
志士感時如駒過隙逝者悠悠不舍旦夕無寶元珠無
珍白璧寸陰分陰古人所惜
人性本善宜葆厥初勿爲習染勿爲氣拘立聖賢志讀
聖賢書學之不志牛馬襟裾
蠢爾昆蟲時術不已人而懷安曾不如蟻譬諸測河不
可以指如何棄船而求履水
彼蓬之直生於麻中染絲斲梓初化有功雖有美質尙
藉良工璞玉其琢寶刀其礲

承蜩如掇嘉彼丈人懸蜻作的厥有武臣一拔之妙乃
凝於神覃精壹志罔或因循
日知其新月守其故毋求速成毋求廣騖騏驥千里積
於跬步我馬駑駘十駕可赴
爲山九仞毋息爾肩掘井九仞必及於泉愼終如始久
且益堅泰山之霤雖石可穿
積塵嶽峻納水溟深友善未足與古爲林行有芳躅言
有良箴書之座右以警寻心
以上各則均刻石嵌講堂

取友戒附録

凡人之學取益不外乎師友師或爲禮數所拘友則情意較密其善惡所在習染尤易是宜勸善規過相與有成否則比惡怙非未有不受其累者也子曰羣居終日言不及義好行小慧難矣哉小慧所包者廣要皆義之反也在書院中尤易犯此諸生自度有犯此即速改之無則加勉焉夫取友所以成德也不能成德而反以敗德亦何貴乎友也

嶽麓來脈憲禁開鑿勒石石在書院二門內

湖南長沙府善化縣正堂加五級紀錄五次丁　爲遵
奉勒石永禁以垂久遠事案據紳士丁禮門等赴
院　司　道　府各憲呈控譚光朝等在於六都地名
龍王坑刀背崙大地嶺等處違禁鑿石燒灰有傷獄麓
來脈一案奉　長沙府憲張督同委員勘訊詳奉　署
藩憲慶　開案奉　護撫部院陳　批本署司轉詳
甯鄉縣進士丁禮門等控譚光朝等鑿石燒灰傷殘獄
脈一案奉批如詳飭遵此復原詞存合行抄詳札飭札
到該府立卽遵照將發來告示一道飭承照抄多張蓋

用府印信於龍王坑刀背崙大地嶺等處遍貼曉諭俾使咸知該府一面仍遵詳批事理勒石封禁等因奉此合行札飭札到該縣立即遵將發來告示飭承照抄多張蓋用印信遍貼曉諭一面勒石封禁以垂久遠而杜訟端毋違此札計抄司看一紙內開本署司查龍王坑刀背崙大地嶺等處原係譚姓合族公業前經譚步雲等鑿石燒灰隨經黃尙陶等呈控委員勘明關係嶽脈久經前司詳請封禁在案十六年九月譚秉正又復糾同譚光泮等仍在該處鑿石燒灰隨經黃尙陶等先後

赴本司暨　憲轅呈控譚秉正揑指爲黄泥嶺小坡溝
希圖抵賴當經前陞司札飭長沙府督同委員勘明將
譚秉正等所搭棚厰仝行拆毀仍照舊永遠封禁不得
再行鑿石燒灰並着落該處保甲隨時稽查如有違禁
復開卽行稟究本署司一面出示曉諭一面札飭該府
勒石封禁庶嶽脈不致傷殘而訟端亦可永絶是否允
協相應核據府詳具文詳請　憲台察閲批示飭遵又
司告示一道司開爲嚴禁開鑿以全嶽脈事照得地名
龍王坑刀背嵛大地嶺等處爲嶽麓來脉省垣屏障通

省文風所係自應培護豈容稍有毀傷前於乾隆年間有譚步雲譚光朝等先後於龍王坑等處鑿石燒灰漁利經生員文既郁張大文等具控前司暨　前院憲行縣勘明詳覆永禁嗣於嘉慶十六年據紳士丁禮門朱鳴德等赴　院司呈控譚光朝等在於各該處建廠設棚糾衆開掘隨飭長沙府勘明封禁具報茲據長沙府詳覆委員勘明並提齊一干人証到案訊明各該處均關嶽脈現將灰窯棚廠全行拆毀永禁開鑿等情前來業經本司據情詳奉　撫憲批示嚴禁並飭府勒石永

禁外合先出示曉諭爲此示仰該地保甲及居民人等知悉嗣後龍王坑刀背崙大地嶺等處凡有關嶽脈之所永遠封禁毋許再行開挖設有不法棍徒仍蹈前轍該保甲等卽行赴縣稟請究治倘或扶同徇隱一經府縣查出或被告發定將該保甲等一併從嚴究辦決不稍爲曲貸各宜凜遵毋違特示等因轉行到縣奉此除將奉發告示照抄多張蓋用印信遍貼曉諭外合行遵照勒石永禁凡屬居民人等咸知龍王坑刀背崙大地嶺等處爲嶽麓名山來脈攸關務宜永遠遵守各相培

護不得藐法營私違禁開鑿以致嶽脈傷殘自干咎戾
也特示
右仰通知
嘉慶十九年三月　日立

長沙嶽麓書院續志卷之二

清泉丁善慶纂輯

前賢列傳

周召南號晉侯奉天人康熙初巡撫偏沅纂長沙郡志檄州縣各建義學三年移節長沙修嶽麓書院暨聖廟自爲記詳前志今靜一堂額其遺墨也

丁思孔字泰巖奉天廣甯人康熙二十三年巡撫偏沅時滇逆甫平書院久經兵燬公重復之捐廉置田數百畝資諸生膏火疏請

御書學達性天匾額竝十三經廿一史經書講義置書院記詳前志旋調河南巡撫卒祀名宦祠

趙申喬江南武進人康熙中巡撫偏沅於理學忠義之祠悉加修舉明學道鄉志隆捐置道鄉祠田久被侵佔公改築臺祠飭善化縣令章成抜碑清釐田額後護撫阿再行嚴查窮清弊實皆踵公意也卒謚恭毅祀名宦有專祠並附祀道鄉祠

李發甲字瀛仙雲南河陽人以舉人由司鐸歷官臺省遷福建布政使巡撫湖南釐奸剔蠹吏治肅然念洞庭

重湖之險士子艱於鄉試兩疏懇請分闈捐俸創立貢院既不果行乃改爲湖湘書院遴諸生肄業其中雍正改元分闈
命下而貢院已有成規事遂得行皆公先事之力也以勞瘁卒於官祀名宦有專祠書院專祠在三閭大夫廟右
趙甯號眢亭浙江山陰人康熙中任長沙府同知聽斷明允郡中大獄多委讞洪民隱不能上達者爲力申大府得可乃已尤以文雅飾吏治政暇渡江集多士尊酒

論文志其身之爲吏手輯嶽麓志備名山掌故在官四年清白一節

蔣溥字虞山江南常熟人庚戌進士撫湖南時捐廉增修書院疏請

御書道南正脈扁額兩疏俱詳卷首旋以少宰入侍士林德之爲製去思碑卒謚文恪

陳宏謀謚文恭廣西臨桂人巡撫湖南多惠政尤加意學校先是撫臣楊錫紱以隔江校課多阻風濤移諸生童肄業城南公至大修齋舍仍以諸生歸嶽麓凡書院

章程及經費款數悉爲手定後雖隨時酌改皆遵循舊
規而增損之
李湖字又川江西南昌人巡撫湖南重修嶽麓書院士
林德之
陸燿字耀南江蘇吳江人乾隆四十九年撫湖南五十
年正月奏嶽麓城南兩書院肄業者多請將從前積存
息銀三千兩交商生息以充膏火增正課十八名副課
十五名疏稿補入前志板燬無存
達明阿滿洲正黃旗人性坦易不尚嚴峻嘉慶七年任

鹽法道與布政使通恩捐銀四千兩交商生息增嶽麓正附課生監三十名

吳榮光號荷屋廣東南海人撫湖南重修貢院加意學校並捐銀一千兩交長沙府生息爲嶽麓城南兩書院諸生中式花紅創建湘水校經堂出家藏鍾繇楷書晉無名氏曹孝娥碑楷書王右軍草書唐無名氏楷書顏魯公眞草各一司馬溫公草書蘇文忠公草書自爲跋刻石嵌御書樓內壁政暇渡江課士論文諄諄勸勉歲終遣送膳資特爲豐厚今學者猶豔稱之

山長列傳

郭金門善化人康熙甲子舉人力學工詩文巡撫丁思孔聘充嶽麓書院山長以義理相切磨多所成就

陳際鼎號立厓字武子黄岡人初任善化訓導巡撫趙申喬廉其文行命兼攝館政時有胡湖州之譽後以大尹謁選都門今書院左去思碑郭金門譔也

廖儼字次儀甯鄉貢生性磊落無城府主講時每出修脯賫寒士膏火之不逮者

李中素麻城人康熙中任湘鄉教諭工詩文書畫巡撫

鄭端聘爲山長凡經指授俱有法程

劉琪字竹偶茶陵人康熙癸酉舉人知錢塘縣有政聲解組歸掌教書院以師道自任學者宗之

李文炤字元朗善化人母氏周孕十六月而生有異慧讀書寓目成誦慨然志聖賢之學舉鄉薦卒祀鄉賢

曹耀珩字鳴珮益陽人康熙丁丑拔貢官寧遠縣教諭充書院山長凡五載著有聽濤園詩文集

王文清字廷鑑號九溪甯鄉人雍正甲辰進士授岳州府教授丁母憂徒步奔喪哀毀逾禮服闋舉博學鴻辭

科歷考授御史尋請終養掌教十餘年卒祀鄉賢
周燾字廸循茶陵人乾隆已未進士改監察御史尋擢
吏科給事中致仕歸主講書院卒年八十
曠敏本字曾之衡山人乾隆丙辰進士選庶吉士歸掌
教書院以經學造士著述等身於易書尤粹
歐陽正煥字堯章衡山人乾隆乙丑進士授翰林院編
修改御史典試浙江揭曉有公明之目在諫垣敷陳皆
關大體生平束身禮法學者深佩之
羅典字徽五號慎齋湘潭人乾隆丁卯舉鄉試第一辛

未成進士授翰林院編修累官鴻臚寺少卿督學四川任滿以母老陳請歸養主講書院凡二十七年性嚴正不可干以私歲修所入除給饔飧外悉以增葺書院暇則栽花調鶴頤養性情嘉慶丁卯重宴鹿鳴越明年卒年九十祀鄉賢道光年間建專祠

歐陽厚均字福田號坦齋安仁人嘉慶己未進士由戶曹轉浙江道監察御史以母老陳請歸養主講院事凡二十七年先後捐千餘金創修廟宇表章諸賢繼復古蹟共十八處且募捐各祭祀暨朱張渡渡船經費以垂

久遠出其門者多掇巍科領兼圻云卒年八十祀鄉賢
咸豐壬子書院經兵燹公次子錫穀時任善化縣學訓
導慨助三百金爲修復費士林尤稱其象賢焉同治五
年建專祠

獨漉續志 卷二十六

仙經

疏言道林寺僧唐武宗會昌沙汰浮屠盡焚其書宣宗立詔徐復之而書籍已盡疏言至太原求遺經得五千四十八卷自河東輦歸李節爲之序

呵諾名文惺湘潭周氏子祝髮清涼寺初不曉文字一旦豁悟工詩文妙精釋典開堂南嶽曉霞峰旣主嶽麓寺箋妙法蓮花經著遊仙記及詩若干卷

慧朗臨武胡氏子生不茹葷七歲披薙武城山初參曉堂於祝聖寺繼謁潙山芷蘭後住持嶽麓寺名流多喜

獲鹿縣志　卷二

與之遊著錄甚富

古蹟

嶽麓古蹟前志詳矣惟變遷不一興廢靡常且有爲後人增修者非詳而志之深懼久而益失其眞也因續古蹟編

禹碑亭康熙二十六年布政使黃震性捐貲建復後亦圮有修葺亭左石壁刻大觀二字乾隆二十一年院長歐陽正煥書也亭右石壁刻讀神禹碑歌末署嘉靖十有九年冬至湖廣按察司提學僉事閩中劉汝楠題善化生員張僎隸今字猶多完好可讀汝楠前志作汝南

誤

御書亭在步虛嶺下內嵌

宣宗成皇帝御書印心石屋四大字於厓壁印心石出安化資江石門潭水中兩江總督陶澍少時讀書處鐫榮君賜摹泐多所此其一也其謝表暨御史賀熙齡記按察使趙炳言御史黄德濂歐陽厚均等跋均嵌內壁捐田每年額租十五石以資歲修併交嶽麓寺住持僧經理

北海碑亭在半學齋後明成化己丑長沙太守錢澍建

舍人錢木紀顛末書石嵌壁碑後有宋米黻鎸題一則載前志又襄陽曾思譙國盛木東平呂美問錢唐吳諮同游嶽麓訪光老爲竟日留隸刻三十五字今與米刻俱斷裂無存瀉甯廣文黃本驥游關中得舊拓本於咸豐四年重摹上石嵌於御書樓壁

道鄉臺舊址均廢康熙四十九年巡撫趙申喬改築今地祠其下臺碑鎸道鄉臺三大字非朱子石刻也

江岸石坊明嘉靖四年同知嚴陵孫藝創建上泐嶽麓書院四大字額後皆署銜名今惟同知嚴通判永甯陳

可識其姓餘僅存官銜坊經三百餘年猶未大形欹側然亦亟宜修理矣謹以俟之後來者

朱張渡亭初呼古渡又曰中渡又曰靈官渡乾隆八年巡撫阿御史胡巡撫蔣溥捐修有記旋圮嘉慶中建復院長袁名曜記詳後咸豐十一年學政胡瑞瀾重修渡東岸曰文津西曰道岸皆朱張講學時所名也

自泉亭初在書院前嘉慶中改修今孔道中趙甯歐陽正煥袁名曜均有記嵌亭壁文詳後趙記院長車爲育書也

極高明亭在禹碑下一嶺

道中庸亭在極高明亭下二亭皆朱子題額舊址久廢康熙中巡撫周召南丁思孔先後重建尋燬道光初建復仍各泐朱子題額監於亭

抱黄洞又曰蟒蛇洞在禹碑左面山半今土人猶能指其處

抱黄閣因抱黄洞而名也米芾詩有我思嶽麓抱黄閣是先有閣久廢無存道光初搆亭於蒼筤谷口大池上顔以今名

赫曦臺初朱子名嶽麓山頂曰赫曦明嘉靖戊子知府孫存建亭舊址俱失考乾隆庚戌院長築前亭尋改名前臺道光初重葺之始額以赫曦存朱子蹟也

吹香亭初爲東亭在黌門池中設木橋以通往來屢修屢圮道光中砌以石仍亭址重加修葺而以宋鍾尚書仙與吹香亭易其名咸豐二年毀於兵

風雩亭宋劉珙建久廢無考今在飲馬池上初爲西亭後圮嘉慶中仍舊址修復榜曰風雩亭與吹香亭同毀今修復飲馬池亦非昔地皆存舊蹟也池右洗心泉祠

傳爲院長羅典所改云

古桃李坪在書院前赫曦臺後縱横各百十丈多種桃李乾隆壬寅癸卯閒羅典主講席闢院旁隙地爲園池栽卉木同人標以八景曰柳塘煙曉桃塢烘霞桐陰別徑風荷晚香曲澗鳴泉碧沼觀魚花墩坐月竹林冬翠並繫以古今體詩成帙付梓逮歐陽厚均掌院時已無藏本閱歲既久又經兵燹地則猶是也而卉木亦鮮有存矣惟紫陽樟在監院後相傳爲朱子所植盤鬱青葱愈古愈茂遠望之猶蔚然而深秀也

文泉池在講堂西半學齋前庭左學政姚頤記暨同人唱和詩均刻石嵌池壁上今移嵌於御書樓壁又明巡撫顧璘嶽麓感舊石刻詩前志載在汲泉亭上亭圯址廢不可考今池畔所豎者顧原刻也

愛晚亭在清風峽小阜亭後皆楓林九十月間紅葉漫山別饒佳趣同治初毀圯易以磚爲今亭

步虛嶺卽響鼓嶺路畔厓石上刻徑二寸許草書五言絶一章厓下有泉一泓土人亦呼白鶴泉泉湧厓濕雖經秋冬不可搨惟末二句清澈瀟湘外源源亙古今可

辨餘俱難識嶽麓詩鈔案語謂有古篆字不可讀未加細考耳

樹蘐館詩 卷二

寺觀

嶽麓寺即麓山寺在雲麓峰半古鹿苑一名慧光寺今所榜萬壽禪林明萬歷中賜名也明季燬於兵　本朝釋智檀肺山始結廬山中與其徒續燈彌嵩阿諾先後重建康熙二十三年布政使薛柱斗爲之記今嵌於壁寺前漫山皆古楓入林口石路如梯蟺蜒百數十級善化監生楊璋所修也

觀音閣即藏經閣在嶽麓寺後高二仞許舊傳爲法崇禪師遺蹟又曰唐僧景岑禪師建又曰明吉藩建名識

經臺崇禎末年燬　本朝康熙三十九年按察使常名揚重建並記又爲半山樓登峯閣見知府李拔銘與常記均嵌壁閒景岑長沙人今閣左虎岑堂其遺蹟也

六朝松在觀音閣前庭舊有雙松相傳爲六朝時植昔人呼爲松關亦曰松門乾隆中大風拔其一今僅存一株如虬龍然

白鶴泉一統志泉在清風峽上出巖石僅一勺許最甘冽冬夏不竭嘗有白鶴飛止其上故名今觀音閣右有泉甃石爲井如鶴形石壁上刻白鶴泉三字當卽此泉

也又寺後有法華泉相傳爲唐法華禪師所鑿云

雲麓宫在雲麓峰巔卽洞庭福地前關帝殿中玄武祖師殿後三清殿明隆慶壬申方士金守分王守德募修吉端王庶第三子長沙王孟峙記并讚善化生員張僎書崇禎壬午祖師殿重修戶部尚書甯鄉周堪賡記本朝康熙乙巳分巡道張璿重修並記嘉慶癸亥善化羅輝楚同子玿捐修道光十三年巡撫吳榮光布政使裕泰重修前殿咸豐二年燬於兵同治二年建復記嶽前門内

附錄祀田

楊家壠糧田三石三斗大小二十四坵布政使惠豊捐置後佃規租石私有增減同治三年方士唐若水捐銀叁拾兩永定佃規銀陸拾兩歲租叁拾貳石歸住持收管

文昌祀田二十畝契名文雲麓嘉慶五年置在善化六都十里坳陳家冲卽雲麓宮偏南山下契存善化縣禮科佃規銀四十兩歲租二十石歸值年人收管現值年張麓泉碑載張步雲之嗣淩埼臣

碑載浚先伸　按自兵燹後文昌祀事久廢計積年所入租石不下二百餘同治二年重修時公議應助修穀數十石首事僅捐元銀十五兩及工竣义議每年宜出香火燈油穀石竟置而不答矣附此以俟後君子

望湘亭在雲麓宮右極軒爽道光年間布政使萬貢珍建善化楊墇董其役咸豐二年同燬今石欄猶存

五帝祠在雲麓宮右稍下奉五嶽神像

飛來石一名拜嶽石在五帝祠或建亭其上奉眞武

祖師神像內懸寄嶽雲額衡山聶太守銑敏題也

道林寺明正德四年守道吳世忠毀之以其材修書院遂廢　本朝順治十五年僧果如重建寺於嶽麓峯之北即今道林乾隆十五年住持僧福梁重修

景德寺前志載唐宋相承制極壯麗久廢今寺在嶽麓峯之北與道林相近或以爲亦果如上人所修

南臺寺久廢今嶽麓峯之北距湘湖市僅里許未知即古寺基否

長沙嶽麓書院續志卷之三

清泉丁善慶纂輯

藝文詩　賦

遊嶽麓書院恭述二十五韻

王祚典

大道亘天衢斯理光長晝前聖闡其源後儒杜其竇正學派相傳仁義爲耕耨性也本之天一一資研究嶽麓湘江西衡山所延袤清淑異南荒文芒應軫宿當宋開寶中書院賁巖岫迨自咸平還名乃冠宇宙猗歟朱與張洪鐘不禁扣講座設重茵平正芟僞謬振鐸高山頭

閒者爭輻輳文治崇

熙朝

聖學臻醇懋輝煌

宸翰頒語並名山壽九經學既尊百氏言俱陋峩峩

御書樓金章雕且鏤縹緗爛若斯虬龍嚴馳驟斯文信

在茲千秋榮俎豆諸亭更巍然不改風雲舊會須聚生

徒鐘鼓聲相吼詩教傳西河余也生其後愧無風雅才

敢詡藝文圃校士來湘潭珽道堅自守前哲不我遺庶

幾比親授緬懷兩人宗教澤殊深厚豈惟林壑閒樹此

江山秀

初夏瞻嶽麓書院董中丞命賦　詹士鼇

薰風南來拂湘水嶽麓一峯矗然峙嵯峨名並七十
蹲如猛獸當嶽趾上懸禹跡岣嶁碑蝌蚪文刊入石髓
有宋朱張道脈傳造化鍾靈闢筵几緬懷孔孟遺圖貌
賜書鐵軸函經史當年殿與遊難信今日輝煌已如此
參差樓閣生夏雲
虞翰琳瑯抱朱紫大儒閒出良獨難江都而後今復起
天人學瞻羅心胸杜詩李字萃厥美在昔儼然衡之陽

嶽雲飽看忻尺咫樗散十年望清塵昃行幸及窺壁壘帝簡衡潭州總邦憲得侍公門側桃李拈題校士生遠思徃昔追維暢名理俊髦賞識撑雙眸妍媸立判思一紙麥天晨氣明綺疏荷氣香聞雜蘭茝儒官所職在倩課一事不知用深耻效顰舒眺臨湘湄巨手撥雲容易耳猗歟斯道如日星絕學薪傳賴夫子

禹碑詩

嶽麓山禹碑歌　李紹衣

道竇開天不可匿代代靈光新斲壘南條清駛導衡山

神禹檑車臨澤國勞餘之暇亦刋瘞載紀功名鐫石泐
龍髯歸去不可攀遺跡猶存巖穴閒李唐距夏幾千歲
雪根剝霧蘚封函湖州謫宦韓昌黎道紀衡山獨杖藜
情深嗜古初覓得耳聞目見發筌蹄三唐以後迷基址
片石孤雲凝筆髓精神驅薦五犀牛白虹直貫湘城邸
嶽麓山高靈氣鍾鴻文眞贗知誰是山前山後雲嶠孤
山鬼窈窕亭之樞蒼莽上射岣嶁頂奇光俯瞰赤沙湖
就中鳥篆飃飃舉倉頡籀文難再補讀之佶屈聱牙
揮翰淋漓驟風雨龍文百斛健氣扛蝌蚪如拳雄繼武

勝朝曩客精摹擬參差譯出垂青史自云長夜夢長人指點虛無字清霽手挈銀瓶鏤赤文一旦曾無能識取楚人尊鬼信方言七十七字傳噶矢亦諧聲韻落雲烟亦存古貌帶鮮妍鮮妍古貌即眞詮不傳文義何損焉君不見商鼎周彝置玉堂巖廊寶玩不尋常至今珍重襲縑緗即如禹蹟無時無箕子陳疇續洛書兩霽蒙驛剖靈符至今文命尚誕敷禹之明德何遠乎

禹王碑　　周有易

神物屹然峻磅礴自終古閱歷蛟龍驚風雷未敢侮怪

哉一片石天生待神禹大文眞難識爭爲識者取奇字
眞難音翻爲贅者補手澤幾千年豈爲文字祖精光長
不滅天地應不腐

神禹碑　張九鎰

夏禹治水承帝咨其文蝌蚪傳之碑岣嶁峯尖石不泐
七十七字鎸天奇昔購搨本了不省日辨目瞪心魂馳
書堂幽幽白日靜著壁似墮生蛟螭鸞飄鳳泊聯翩下
絶境恍惚移於斯借閱麓志互偏摭嵩庭之句疑傳疑
兹窮登覽忘險仄荒壑窅窅風颼颼雨淋日炙疵何所

敲火礪角來無期胡乃堅確逾金鐵刻畫盡備無差池由來神物有呵護精氣煥發留嵚崎噫吁嚱韓公好古生已晚歐公集古搜遐遺獨於何子述所見天啟秘奧非人爲細考靈迹二二而一後先顯晦維其時不然譯文衡撥取此碑萬古誰知之

讀禹碑　　閻昇

春泉盥水拂莓苔千載洗光破霧開斑駁長留太古色盤拏早作籀書胎光懸日月窺神物肇捲黫烟識聖栽浪說潘何躭古蹟龍文定不付秦灰

神禹碑　　陳士雅

神物豈終晦奇蹟湖大禹岣嶁開鴻濛元氣一碑拄韓
子好搜奇但憑道人語埋翳數千載朱張竟莫覩至寶
欲出世天意遣樵豎何子重摹搨移向靈麓樹化工牖
匠心鑱鑱助雷斧嶽神不敢閟光晶耀南土摛擎蛟龍
蟠纚縱鸞鳳舞再拜欣摩挲目眩體亦傴想見蒼水精
秘授金玉譜山川繪性情乾坤奠門戶象超鑄鼎先百
怪各安堵奴隸漢學碑睥睨周宣鼓書生楊與沈翻譯
空自苦歷劫護貞鏤莫作文字撫霧霾衡山雲漠漠橋

州雨微禹吾其魚浩歌企江浦。

禹碑　陳士松

禹碣長傳秘跡幽蕭然高鎮楚山頭巉巖古石蒼烟外絕壁鴻文綠字留烈烈洪荒疏鑿後悠悠明德雨風秋登臨細讀承洛句莫問當年四載遊

禹碑　俞超

美哉明德遠亦豈有奇行胼胝蓋親從疏瀹成帝命匪忠無君孝無親移孝作忠功莫競泥輴山檋周隰原焦勞況瘁益祇敬金簡玉字元夷傳安瀾遂愜海陽慶卓

禋祀融勒貞珉七十七字絕奇勁蒼封林翳三千年昌
黎夢得徒歌詠搜尋有客何賢良採樵引至蘚難竟掘
以市歷形模昭鐫諸衡麓精神迸衡峯之麓枕湘江危
巒蒼古復明靚絕壁虬螭肆糾蟠詭異詎數蜀巖鏡象
巑巇同謨貢垂瞻拜無復攀躋病是乃天地閒大文韜
隱既久必傳盛不然子一偶得之千秋眞贗胡煇映我
今蠟屐秋山高風日晴爽雲煙淨敢將法物空摩挲聖
神偉業根天性

嶽麓詩鈔案王伯綏禹碑攷嘉靖甲午修嶽麓書院

發碑於地中得蝌蚪七十二字碑末小楷書何致子一刻之於此何刻旋毀順治末觀察彭禹峯而遂據原文復鐫於嶽麓之厓石以戲流俗之聾瞶者今善化縣志果以厓刻爲何刻謂嘉靖癸巳長守潘盛峯鎰於荆棘叢林訪得之殊堪捧腹云云考嶽麓舊志載太守潘鎰剔土搨傳係嘉靖九年是年歲在庚寅非甲午歲也且係石上剔土非從地中發碑也又載三十年太守張西銘覆之以亭崇禎三年兵備道石維嶽重修園亭以石牆等語據此剔土搨傳之後歷

經築亭覆護終有明之世石刻蓋未嘗毁也舊志係善化諸生吳道行所修書成於崇禎年間有辨有圖說今志悉引之此明時石刻未毁之證也志所錄讀碑登亭諸詩如石公蘊朱世臬皆崇禎年官斯土者其楚南士大夫詠禹碑者不一悉皆目覩手摩如吳愉詩有曰摩挲禹蹟眞又曰竟古自如新此尤足爲明時石刻未毁之證也石既未毁何必重鐫伯綏所稱彭而述復鐫厓石之說未知何據且而述官楚時係在順治初年湖南甫入版圖厥後遷粤西貴州至

順治末年已陞任雲南右布政使各省通志可參考也平心而論膚耳俗目固多聾瞶縣志相沿容有失實然未必滿紙笑談徒供捧腹參稽而互證之覺往事流傳耳食臆斷者似不若枌里之見聞較確也論最明晰若據劉汝相禹碑歌爲之商搉尤足徵信詩鈔及前志均錄其詩而不注其處今考其地題石爲土所封者過半掘盈四尺許始獲搨出細讀歌詞詳稽歲月知禹碑爲潘疊峯從石壁間搜獲明時並未嘗毀確然無疑矣

書院　　趙忭

雨久藏書蠹風高老樹斜鄰居盡金碧一一梵王家

按前志詩題誤作尊經閣今從吳之振宋詩鈔更正之

東渚　　張栻

團團淩風桂宛在水之東月色穿林影却下碧波中

詠歸橋

四序有佳趣今古蓋其茲橋邊獨微唫回首忘所之

船齋

窗低蘆葦秋，更有江湖思。久已倦垂綸，游魚不須避。

蘭澗

藝蘭北澗側，澗曲風紆餘。願言植根固，芬芳長慰予。

山齋

疊石小崢嶸，修篁高下生。地偏人跡罕，古井轆轤鳴。

石瀨

流泉自清瀉，觸石短長鳴。窮年竹根底，和我讀書聲。

柳堤

前年種垂柳，已復如許長。長條莫攀折，留待晚鶬鶊。

濯清池

芙蓉豈不好濯濯清漣漪采之不盈把惆悵暮忘饑

山嶼

繫舟西岸邊幅巾自來去島嶼花木深蟬鳴不知處

梅堤

亭亭堤上梅歷歷波閒影歲晚憶夫君寂寞烟渚靜

東渚　朱子

小山幽桂叢歲暮靄佳色花落洞庭波秋風渺何極

詠歸橋

綠漲平湖水，朱欄跨小橋。舞雩千載事，歷歷在今朝。

船齋

考槃雖在陸，混瀁水雲深。正爾滄洲趣，難忘魏闕心。

蘭澗

光風浮翠澗，蘭杜日猗猗。歲竟無人采，含薰祗自知。

山齋

藏書樓上頭，讀書樓下屋。懷哉千載心，俯仰數椽足。

石瀨

疏此竹下泉，激彼澗中石。暮館繞寒聲，秋空動澄碧。

柳堤

渚華初出水堤樹亦成行吟罷天津句薰風拂面香

濯清池

涉江采芙蓉十反心無斁不遇無極翁深衷竟誰識

西嶼

朝吟東渚風夕弄西嶼月人境諒非遙湖山自幽絕

梅堤

仙人氷雪姿貞秀絕倫擬驛使詎知聞尋香問烟水

案以上十詠前志俱載爲南軒詩湖南新舊通志皆

誤，今從南軒、冠英堂集及朱子東歸亂藁分別錄之

有懷南軒老兄呈伯崇擇之二友二首

朱子

憶昔秋風裏，尋盟湘水傍。勝遊朝挽袂，妙語夜連床。别去多遺恨，歸來識大方。惟應微密處，猶欲細商量。

積雨芳菲暗，新晴始豁然。園林媚幽獨，窗戶愜情妍。晤語心何遠謂日與擇之講論，書題意未宣謂新收伯崇近書。懸知今夜月，同夢舞雩邊。

嶽麓書院舍菜禮成有序

盧摯

二月初吉菜禮竣事詩示僚友椽曹及文學諸生

誰謂衡山高景行思齊而誰謂衡麓近大路莫致之衡高麓云邈洙泗不在兹遺臣禮樂光吉月陽春時原隰遂咨度於彼湘之湄薄言采芹藻多士樂且儀酌彼百泉水慼我駰牡馳我將布惠澤我將迪民彝我將歌白駒爰求碩人遺爰求碩人遺空谷夫何爲南山有楩枏北山有桐椅誰謂衡山高衡麓乃所基

按前志編此詩入明作盧疏齋蓋誤以别字爲名也

今更正之

懷晦菴先生　　管大勳

吾道在南州考亭宗尼父正教衍淳熙名言記石鼓崇臺幾廢興豐碑麗今古國步值艱難世俗多聾瞽獨以生平學抗論語人主立朝蹟已危乞祠心獨苦白鹿垂芳規嶽麓存聖矩至今烝湘閒猶然等鄒魯

懷南軒先生

人心皆孔顏湛寂元無滓利義分毫茫誰能析其旨緬仰懷先民蚤歲悟至理卓卓想高明仡仡事踐履承家

願不違許國死後已所以宋諸儒雅推南軒氏足蹟遍潭烝師友契蘭芷勝遊霽岳雲涉趣詠沂水試讀武侯碑令人空仰止

魏禹湘督成嶽麓書院賦贈　王祚隆

水有蛟龍山有鷟一代奇人開嶽麓只今七十如三十談笑春風淸以穆一時協力噪星城慨當以慷喜推腹巨靈創起闢蠶叢千祀名山應圖籙創者何人圮者誰宋元明代皆碌碌上日簡任得其人弼予咨汝轉天軸三朝不績一朝成

八旬千仞何奇速只此賢勞報必昌有子七八世其福我來書院聽笙簧食苹食蒿皆呦鹿有能還使嶽江深有鶯還使嶽山矗攜君諸嗣過天門萬里長風起飛瀑

游嶽麓書院用太史韻示長沙郡屬諸廣文

岳宏譽

嶽麓峙星沙南面望衡九湖風吹湘波白雲覆蝌蚪銘輿窩危磴舍之策杖走直上禹碑亭摩崖古洞口倉頡體入神微義誰能剖精輿秘千年奇氣横兩肘躋登夫子堂下階肅俯首三才並參贊六經匯淵藪德容儼然

存四配列左右講堂祀朱張春秋奠杯酒道在洞庭南
西江白鹿耦欲爲聖人徒私淑重所取奕奕道鄉臺仰
止如北斗負笈千里游願學亦時有
天子方崇儒勗哉爾師友扁額輝
宸翰臣也應拜手典墳敞
御樓勘息分勝負廣文官不卑名山更非偶師嚴道自
尊羣蒙豁於牖諸儒說異同論定愼勿苟歲寒識後凋
試聽蒼松吼逵觀河洛理乾父與坤母

百泉軒　曹耀珩

朱洞興文學書堂爲肇始千秋續正脈卓哉兩夫子元
公産營道光霽無渣滓二程從之遊與點展然喜考亭
接淵源靜觀得精理伊惟南軒子而索去糠粃身待紫
巖公流寓居賈里城南闢院宇五峯正學邇二賢合並
時晝夜論不已豁然心理同太極會其旨每渡文津西
赫曦其從倚泉竇白鶴來涓涓無歇止澗蘭石瀨俱漪
漣清見底百道盤瀠湲瀉入亭臺裏爰構百泉軒軒楹
看沼沚高峽敞清風層雲膚寸起花晨並月夕吟賞必
於此微夫既主席衆英奉杖履紫陽未幾時潭州官刺

史嘉績不勝書文教尤增美治事之休暇輒擁皐比几
考德而問業講貫未停晷州郡于于至上舍一千士繹
絡車騎紛馬飲渴池水乾道咸平閒聱髦少倫儗人傳
洙泗風吾道今南矣憶昔晉魏降儒術傷卑靡雕繪在
語言問學徒口耳二賢宗濂洛性天為根柢雅懷誘後
進湖南擷蘭芷斯文遂在茲末俗狂瀾砥薄劣厕河汾
景行緬芳軌昔時遊賞地蒼莽生荆杞逶迤迴泉流嘯
吟空爾爾悠悠百世下誰踵朱張趾

到嶽麓書院　　曠敏本

朱張曾此絳筵開猶憶甘泉講學臺（予幼讀書甘泉書院有講學臺）嶽麓於今眞箇到豈如疇昔夢中來

文泉紀事并序　熊爲霖

修嶽麓書院既落成濬池泉湧出清冽而甘越嵗秋⿰火差紀公喜稱瑞謂士氣從此醲泳矣屬學使姚雪門先生文以記之且徵詩遂附諸君子後稍攄寸言以見槩云

東坡文如萬斛源隨地涌出成飛淵潘江陸海各支派昌黎韓公潮類然大抵水凝天一色苞鬱元化開其先

斎淪湛定莫名狀決以犇放爲翻瀾猗 歟嶽麓古講院
朱張符契談經詮地靈胎孕奠南嶽到頭縱勢趨河壖
灃蘭沅芷盤才思三湘四瀝當琴筵既勤樸斵且丹雘
展拓天界蒸文泉文泉如鏡浸天紙淨滌銀浦涵星躔
天下文章孰踰此秋花藹漾春雲瀰宜風宜月亦宜雪
種種點妙忘魚筌臨池洗研吹荇藻偶然得象仍忘言
一泓深碧不可唾滑之不濁澂愈鮮鬢眉透露我觀我
枯腸借潤今兩年南華解語下一轉胸中具有濠梁篇
相與大噱參詩禪氷痕喝散歸心淵

新葺嶽麓書院落成有泉出講堂前姚雪門學使題曰文泉同人各賦詩以紀　陳用敷

名山佳搆煥如星勝境依然繡兩銘但願人材皆競秀何期地脈亦鍾靈文瀾傾瀉雄南麓學海瀠洄壯北溟更喜登堂曾接席風流幾度聽談經時延吾師熊學橋太史掌教

猶記重陽載酒遊潭清山紫雨悠悠宏規賴有中丞擴書院新葺於李又川中丞雅號還多節使留爾日士林欣雨潤他時閬苑羨風流源頭活水原如此極目天機淵底收

文泉　祝雲棟

嶽麓興賢地清泉此日開正逢文運盛恰應美名該疏濬精神出空明日夜來羣公欣紀瑞多士荷栽培朱張留講席舊搆百泉軒靈窟滋新脈文淵匯一源濯纓潭影徹摛藻浪花翻麗澤千年事圖橋看躍門

和文泉詩二首　　處玉

重新輪奐碧雲隈一勺漣漪鏡面開自昔珊瑚隨網得（劉雲房洗馬曾任安徽學使今董理其事）於今杞梓遍山栽徽同化雨綿綿遠泉似文瀾汩汩來千載藝林傳勝事清風不墜道鄉臺

精屐相從物外遊渡江曾此小勾留堂虛不礙松筠翠境僻偏宜渚月秋廊廟文章華有胄（姚節使有文泉記）皋比筆力老逾遒（謂熊學橋太史掌教）臨池指向才人說三峽辭源水倒流

文泉　　紀淑曾

足不登泰岱雲目不覩滄溟水學海與山視寸心負笈何須適千里視融七十二峯峙峯脚插入湘雲裏嵐光水光屋動搖不夜書堂江月起軒窗却嫌林壑迴培塿鏟作階除址雨夕風晨變今昔大廈甍閎寒士喜出甚

種地昧泉脈脊鍤才施露泥滓澄之使清瑗以池朱檻盈盈石菡萏宛如胸中羅列宿倒影全天入沼沚又如鑑空無留形妍者不舉媸者恥文瀾灝瀚譬烟海誰溯崑崙薄諸子川上指點識天倪萬派茫茫不盈咫在山泉清出山濁杜陵慨時豈至理我探百泉心穆然藹有中紹止水澄潭瀦相似繞澗時帶松韻響觸石晴挾風雷駛寂感自寫泉性情文言心聲大類此祗今太息清泉側無實聲華空復爾文公有敎久未湮諸生勉自蒙泉始

文泉　　余廷燦

靈泉貢瑞歲庚子纔靄穿麓曼紋綺灤洄講席宛在中方塘一鑑澄泥滓是時邦伯牧長重樹八廣開夏屋收杞梓赤白逍遙切瀠霄軒櫺豁達羅書史鏗鏗說經聚綠槐蕊蕊育秀儲包懋縈士景嚮氣奮與有如萬派宗海水地圖變寶亦湧泉淨不可唾甘醴旨智珠新戴水府同幽邃應有潛蛟喜其兆爲文瑞爲祥題名作記煩學使是時邦伯牧長繼朱張就中提挈觀察紀謂此靈蹟應傑構政暇相約栽蘭紙濡染椽筆寫清灕荊潭湖

唱叶宮徵盛事新增嶽麓志湘中學社祝嵔嵎我亦拈
韻歎槃泮消消細滴蕙沼沚

和文泉詩二首　　劉權之

小鑿新泉碧玉光談經疑上濯纓堂雲霞已煥芬楣色
煙水都分筆墨香不作垂虹千丈立卻規明鏡一匳張
此中自有蛟龍窟莫負清流共激揚
山腰白鶴古松前（山舊有百泉中以白鶴泉爲最）那及新泉石上泉恰
得文瀾歸藝圃肯教清濁伴行禪徵遷欲動風生座虛
白無塵月在天一自韋公題詠後（專門學使題曰文泉）方伯撫使俱紀

詠從來勝地託人賢

文泉　王聯會

勝地靈源潛鬱環，結構餘甚鶯泉作。醴爭發水成泉白，鶴蹤猶在清風跡。未虛源頭機活潑，相賞更何如。

文泉　王章

衡麓之足湘水側，振興講院祥符年。緬懷古蹟增百感，至今膾炙朱張賢。當時從游屐偏側，渴池飲馬如[illegible]。昌期五百欣再覩，雲山結構彌新鮮。疏鑿濬源歸一派，嘉名舉錫稱文泉。名鄉藻翰絕公筆，追蹤三絕貞珉鐫。

臨川墨池今尚在幾經閱歷猶相傳況茲萬斛清如許淪漪可任埋苔錢汲綆欲長不欲短潤洄瀠瀁宜遐觀譬若升高尋古磴撥雲直上層峯巔麓山北顧洞庭闊盪胸雲海淩蒼煙歸來載咏文泉畔碧落雲澄月滿天

文泉　馮東颺

一鑑空明在講堂白雲山色共悠揚尋源遠接朱張脈印月遙分洙泗光活潑清虛含妙理漣漪細縠盡文章流來道味甘如液宜酌宜斟淡有香

文泉　吳道灼

尋源知道脈活潑醴泉通白鶴憇澄澈青龍共渾融浪翻蒼谷裏波動麓雲中此日斯文盛嘉名應不同

文泉　張永達

藝林留勝跡混混溕文泉有本常如此成章任自然流清花影射韻逸樹聲遶光訝明珠蘊波疑寶玉旋闢新通妙緒育德會眞詮勿幕占元吉王明受福全

遊覽

高山引　唐宋之問

攀雲窈窕兮上躋懸峯長路浩浩兮此去何從水一曲

兮腸一曲山一重兮悲一重松檟邈已遠友于何日逢
况滿室兮童稚攢眾慮於心胸天高難訴兮遠負明德
却望咸京兮揮涕龍鍾

按前志載之問詩凡六首詩鈔因之謂未知所指宋
詩究係何篇陽湖楊進士西河杜詩鏡銓嶽麓道林
二寺行注引宋之問集高山引云公詩多用其語疑
此即放逐題壁之詩楊用修謂宋詩今已失傳非也
兹從全唐詩中檢出補錄之

唐侍御寄遊道林嶽麓二寺詩並沈中丞姚員外

所和徵繼作　劉禹錫

湘西古刹雙蹲蹲羣峯朝拱如駿奔青松步障空五里
龍宮黯黯神爲閣高殿呀然壓蒼巘俯瞰長江疑欲吞
橘洲泛浮金實動水郭繚繞朱樓鶯語餘百響入天籟
眾奇引步空翩翩泉清石布博一作以棊子蘿密鳥韻如
簧言回廊架險高且曲新徑寄林明復昏淺流忽濁山
獸過古木半空天火痕星使雙飛出禁垣元侯餞之遊
石門紫髯翼從紅袖舞竹風松雪香溫馨遺持青瑣照
巫峽一戛驚斷三聲猨靈山會中身不須吟想峭絕愁

精魂恨無黃金千萬餅布地買取爲邱園

湘西寺霽夜　李群玉

雨過琉璃宮佳興浩淸絕松風冷晴灘竹露踏碎月月波蕩如水氣爽星朗滅皓夜千樹寒崢嶸萬巖雪後山鶴唳斷前池荷香發境寂良夜深神思空飛越

麓山寺送尹秀才　戴叔倫

湖上逢君亦不閑暫時離別到深山飄蓬驚鳥那自定强欲相留雲樹閒

道林寺　裴說

獨立懸危欄高低落照閒寺分一派水僧鎖半房山對面浮生隔垂簾到老閒煙雲與塵土寸步不相關

小隱　　韓偓

借得茅齋嶽麓西擬將身世老鋤犁清晨向市煙含郭寒夜歸村月照溪爐爲窗明僧偶坐松因雪折鳥驚啼靈椿朝菌由來事却笑莊生始欲齊

遊道林寺四絕亭觀宋杜詩版　　僧齊已

宋杜題詩在風騷到此真獨來終日看一爲拂秋塵古石生寒蘚春松脫老鱗高僧眼根靜應見客吟頻

寄居道林寺　釋齊己

嵐濕南朝殿塔寒此中因得謝塵寰已同庭樹千株老未負溪雲一片閒石鏡舊遊臨皎潔嶽蓮曾上徹孱顏如今衰颯成多病黃葉風前晝掩關

暮遊嶽麓寺　釋齊己

寺樓高出碧崖稜城裏誰知在上層初雪灑來喬木暝遠禽飛過大江澄閑消不睡憐長夜靜照無言謝一燈回首何邊是空地四郊桑麥遍邱陵

道林寺居寄嶽麓禪師二首　釋齊己

門前石路徹中峯樹影泉聲在半空尋去未應勞上下
往來殊已倦西東髭根盡白孤雲並心跡全忘片月同
長憶高牕夏天裏古松青檜午時風
山袍不稱下紅塵各是閒居島外身兩處煙霞門寂寂
一般苔蘚石嶙嶙禪關悟後甯疑物詩格元來不傍人
月照經行更誰見露華松粉點衣巾

寄道林寺諸友　釋齊己

吟興終依異境長舊遊時入靜思量江鄉裏過東西寺
樹影中行上下方春色濕僧巾屧膩松花沾鶴骨毛香

老來何計重歸去千里重湖浪渺茫

湘西道林寺陶太尉井　　釋齊己

太尉遺孤井寒澄七百年未聞陵谷變終與姓名傳影浸無風樹光含有月天林僧曉來此滿汲灑金田

詩鈔按湖南重修通志載井在城南陶侃廟中並附錄此詩於後誤矣蓋未考原詩題上有湘西道林寺五字也

嶽麓寺　　宋　曾幾

嶽麓知名寺幽尋到眼邊林深不見日山靜只聞泉便

欲呼舟去聊爲借榻眠明朝遊歷處都在小窗前

拜嶽石　趙忭

片石倚中天雲深鳥道開人多祝堯壽登此拜南山

弔屈原　司馬光

白玉徒爲潔幽蘭未謂芳窮羞事令尹疏不怨懷王寃

骨銷寒渚忠魂失舊鄉空餘楚辭在猶與日爭光

山門　朱子

置屋兩三間巧當奇絕處峽束百泉傾澗激回風度

西閣

借此雲牕眠靜夜心獨苦安得枕下泉去作人間雨

蓮沼

亭亭玉芙蓉迥立映澄碧只愁山月明照作寒露滴

杉徑

南起雲關口紆縈上草堂天風發清籟山月度寒光

西寮

畬田種胡麻結草寄林樾珍重無心人寒棲弄明月

桃溪

澗寒春泉響種桃泉上頭爛紅紛委地未肯出山流

絕頂

當年赫曦臺移治在茲嶺寥廓無四鄰三光疑倒影

讀李邕碑　　張栻

荒榛日暮倚笻時歎息危亭北海碑後輩但知遵字畫當年不得成邊陲豈關貝錦能成禍只恐干將不自奇

杜老惜才千古意於今誰詠六公祠

道鄉臺　　范成大

山外江水黃江外滿城綠城外杳無際天低到平陸長煙貫楚尾遠勢帶吳蜀故園東北望遊子闌干曲

抱黃洞　　劉子澄

連天七十二雲屏眞境先於翠麓呈洞發金光丹氣結泉流乳白玉華生江心雁影重臨字谷口禽呼自答名閑步不教方外覺破煙雙鶴已來迎

望嶽麓　　明　楊基

我爲長沙客不醉長沙酒爲愛嶽麓山繫舟城邊柳峰巒一何秀膏沐春雨後蛾綠淨洗妝方知朱鉛醜所嗟山中寺頹廢想已久嶙峋北海碑千載獨不朽信爲神靈惜長使山鬼守褰衣欲訪古日落辰在酉荒煙鳥雀

喧竹密虎兕吼老眼念後期未知重來否

弔屈賈祠　馬之圖

賈傅殊恩楚放臣吟騷投賦總酸辛長疑怨誹傳班史
悔值虛懷問鬼神嶽麓嵐開祠樹古昭潭浪捲棹歌春
悲笳萬古湘君泣野老依然薦采蘋

游嶽麓書院　吳壽潛

道鄉臺下讀遺文饗殿書堂四面分天半芙蓉吹翠靄
澗邊蘭芷散幽芬楚山遠束三江練郢樹晴開五色雲
安得何繪圖長叫絕常教眼底滌塵氛

己丑秋杪余游南嶽未歸時蒙涵齋董大文宗重

訪嶽麓作此寄懷　　釋文惺

撤棘餘閒到上方懷人獨坐虎岑堂昔年入麓看桃笑丁丑公自滇入嶽麓今日臨巖訪桂香萬壑晴雲開嶽色一帆秋月帶湖光松門得句誰能和郄愧高僧俗姓湯

嶽麓山環八景臺湖南道統藉栽培重興講院中丞力戊子春蒙大中丞趙公具　題設學繼起絃歌學使才屈賈文章高北海朱張性理異東萊幸逢

聖主崇文日掄選賢才樂遠來

道鄉臺　　施閏章

馮軒嶽麓洞庭開明月湘江夜月來逐客莫忘賢太守孤峯留得道鄉臺

嶽麓懷古　　李紹易

靈麓崎崇崗嵸巃巒蒼翠綿亘勢蜿蜒盤埊多幽異石壁俯百仞巉崖復深邃上有神禹碣蝌蚪成文字神工鑿鬼斧巨靈劈怪類蟠屈若虬螭鴻濛洩奇秘前後千餘年詞人紛沓至名傳北海碑道發南軒記紫陽與講學流風媲洙泗往復恣流連歷歷皆可誌懷古發謳吟

悠然起長嘯

謁鄒道鄉先生暨朱張夫子祠　張九鎰

雲麓傳前宋南來道脈眞同時兩夫子異地一孤臣先後遺蹤接源流講學頻瓣香崇此地千載藹如春

雲麓宮

鐵冶爲椽石作扉巉空紺宇陟崔嵬不知絕迹仙何去但看懸崖勢欲飛黃入洞庭含日氣碧連衡岫淡烟霏到來便隔塵凡界結坐頻誰學息機

拾閱麓志

蒼涼勝蹟倦登攀舊志摩挲几硯閒要重關閩傳正脈
詎分仙佛占名山源流考自從心辨蕪蔓篇誰著手刪
雲麓從教披宿霧此中肯放白頭閒

麓寺六朝松大風拔一感賦

翻風嘯雨插雲根百尺森然獨踞尊其說六朝留古跡
已非雙樹立僧門虎岑堂護虬髯影鶴井泉空蛻骨痕
倚石坐看偏欹一眼前灰刧竟誰論

題道鄉臺　張迪貞

蕭蕭遷客記南翔風雨孤舟黯渡湘一夜鄖亭無宿處

千年碑版有遺香頭陀已熄深更火臺榭空餘碧草荒
賢守倘能分一榻芳名應共此山長

極高明亭　李文炤

振衣上峯巔下視人寰小列宿低芒角白雲相縹緲

道鄉臺

十萬長沙戶不容還客住猶存一荒臺鬼神相呵護

咏歸橋

行矣復歸歟臨流發天籟四山悄無言翠入晴空外

嶽麓懷古　周宣猷

蹴起麓山雲蘸斷湘江水麓山雲裊清風峽爲舒爲卷
文斐亹麓山水引白鶴泉源頭活活清徹底我向文津
矢擊節擬闕荆榛窺神似思入聖域窅且深山靈一笑
千峯紫回頭爽豁煙霧開登高自卑遠自邇現前指點
過來人莫向閒庭空徙倚悠然一徑通絕壁薜苔剝落
道鄉址守臣逐去老僧迎爲誰謠詠爲誰美古來忠孝
啟薪傳喚起迷途趨杖履南嶽紫陽世大儒箇中好覓
眞種子中庸有道此間求卓爾欲從末由矣綏急無心
自在行高明何處眼前是試登絕頂捫禹碑一俯群山

蕞然耳

麓寺偶感作　　曠敏本

爲底登峯便賦詩好將姓字此間垂一從工部留題後
千有餘年傳者誰

渡江阻風訪嶽麓景德寺雨松和尚即事題贈

李孔授

滿天風雨隔江城夜叩禪關月色清一榻疎鐘消俗慮
雙渠活水見幽情寺有雙泉盛暑不竭竹聲滴瀝空堦靜石勢參
差古道橫撥火烹茶譚永夕豁然吾道亦分明

同張衡萬昆仲讀書嶽麓　　熊祖熊

爲慕先賢講學區躡雲萬仞共追趨文當論後還歸細養到深時轉若愚點點春花飛石瀨潺潺曲水雜風雩煙雲天地靡前調仰止懸懸惜白駒

十一月二十七日秦芝軒方伯陪游嶽麓山

袁枚

方伯名山主長沙嶽麓高多君陪杖履爲我擁旌旄霜葉紅於錦松聲響作濤希文有清德應賦履霜操

言尋禹王碣獨上最高峯字冠四千載雲封一萬重埋

沙疑有鼓山路峻之巔然號響鼓厓拄杖戲敲鐘不信開如雪梅花
滿仲冬
狂風吹日落叱馭急言歸人老知寒早山高見鳥稀道
鄉臺尙在北海筆如揮可惜黃仙鶴乘雲早已飛李芑字沕
然恍黃仙鶴三字久斷沕矣

嶽麓大成殿　　　彭坊

尋芳獨自步江潭宮殿嵯峩擁翠嵐東國文章懸斗北
西京鐘鼓振湘南千秋著述經垂六萬古英才樂備三
半滴泉源誰會得回頭莫向木樨參

嶽麓　　狄如煥

衡峯千里赴郊坰，嶽麓盤紆儼畫屏。古碣尚留神禹蹟，高臺誰識少微星。道鄉臺 疏風細雨談經地，翠竹黃花說法亭。游禪師造大潙，盡得其道，因分座說法於嶽麓。臥聽書聲天半出，四圍山色夜溟溟。

和友人書院觀荷韻　　羅典

不是紅香擢滿池，栽培無力負皐比。偏饒脫穎錐如許，盡作生花筆亦宜。謝句芙蓉君手出，毛詩菡萏我心知。頻來莫算肩舁值，月夕風朝雨過時。

次石琢堂學使留題書院詩韻二首即以送別

明月清風與士公山齋雲壑置身崇塵宜隔斷平沙外清福留連好日中覓句早梅緣昔有停車霜葉得今同兩番題品皆椽筆第二人來寫不工（畢秋帆制軍曾游嶽麓紀以詩與學使皆以廷對第一人及第也）

老去橋虛號咏歸詩壇壯思力全微及門官冷能供酒附尾輿輕好振衣獨學雄篇貽我厚（學使有獨學廬稿）說書初稿證人稀嶺頭拜嶽知神物那得來飛不去飛

自卑亭銘　　李　拔

竊聞聖教登高自卑倫常日用百姓與知率由踐履變化因之宮牆何異美富何奇毋悲道遠毋泣路岐循循下學入聖之基

半山樓銘

人亦有言爲善如登况處蹉跌惕厲戰兢何當得半志滿氣矜爲山九仞一簣未增昔賢處此欲罷不能願賈餘勇更上一層

登峯閣銘

惟賢希聖惟聖希天登峯造極孰導其先我思君子終

日乾乾積行不已升也忽焉會惟唯唯顏則喟然睥睨
一切泰華之巔

吳雲巖學使訂於重九日載酒嶽麓登高兼訪山
長劉孟調前輩以風雨不果往次日孟調以詩
見寄次韻奉答　錢大昕

擬訪皋比嶽麓陽道鄉遺迹未全荒一宵秋雨回征棹
幾疊青螺掩翠妝問字相從緣恨淺看山有約與空狂
臥遊只合師宗炳欲借冰紈四座張

己酉孟冬節武星沙邀張忍齋學使王夢樓侍讀

訪愼齋前輩於嶽麓書院遍遊諸名勝嶽麓絶頂摩崖古刻敘舊論文薄暮渡江而返得長律二章　　畢沅

暝谷催梅在雪先時在小春上澣山梅蕚已大放講堂高踞嶽雲邊
名山久占關清福先生主講嶽麓振興文教者有年舊雨重逢要夙緣憶在詞館時相過從旋持節秦隴豫楚忽忽廿餘年矣
著述力爭千古事先生邃精易學兼擅毛詩著述甚夥精神彊勝廿年前
畫圖一幅湘西景隔岸八呼訪戴船時永州太守王蓬心爲臨北苑瀟湘圖

絶磴霞關費仰窺鐘聲送客出嵚巇絳紗緒衍南軒脈

嶽麓爲南軒紫陽兩夫子講學處先生提倡後學克紹前賢青玉書摩北海碑山有李北海碑尚完好無缺實夢樓學書根原也泉石松窗詩葩麗文章芸篋嶽爭奇學潮比似雲瀾闊不到登峯那得知

冬後三日畢秋帆制府招陪愼齋老前輩暨張忍齋學使登嶽麓絶頂得長句一章

王文治

海納萬水斯深深嶽羅衆山斯森森衡山七十二峯相輔弼至此直注湘江陰湘江涵青山削綠百道煙霏散還東以山臨水此其巔以嶽觀山此其麓制府夙鍾川

嶽靈言自華嵩移羽旌嵩形如臥華如立未抵大賢胸次雲濤橫我持漁竿過洞庭天風三日揚飛舲維舟正奏欸乃曲又邀我向名山行烏府先生返珂里謂愼齋前輩紫薇使者輶軒止謂忍齋張學使皋比說經鏗若鐘玉尺量材澄若水是皆域內之大儒高懷樸學同而殊平時雪棹何處訪忽爾星堂異地俱從來氣類相感發如雲逐龍磁引鐵制府才名三十春朝野傾心拱鄒月是日風和天宇朗半陂浸山薈林莽捫蘿穿磴出幽岑豁然江流瀉胸平似掌歸途夕陽松樹巔山中沈沈如小年借問

友朋山水樂何似蓉城蓬島爲飛仙

甲午元旦　褚廷璋

人遠蓬萊第一仙階平前輩奉召入都朝正依舊佩聯翩儲英傾主名山席嶽麓講席另延張櫃亭前輩稽古重繙外史緗時重校遺書雙闕紅雲懷禁仗重湖青草問春船城頭麓色濃相映暖硯疏簾雨後天

春登嶽麓　王懿德

登峯造麓頂長嘯來清風意淡山容寂神閒天氣空借觀桃李色轉入蕙蘭叢梵響和書韻悠然思不窮

昨有青山夢，今尋嶽麓春。浮雲天際影，流水世間人。松柏踏前路，梅花步後塵。曠觀推物理，到處見精神。

九日嶽麓　錢　澧

雨歇江平政亦閑，相尋故事一登山。紅萸黄菊有深味，碧障丹崖俱淨顏。北海碑看落照裏，南軒座接清風關。歸歟且住窮幽興，細數林鴉幾隊還。

謁嶽麓山長羅慎齋先生時年八十　清安泰

柏悅松堅道貌尊，水雲深處老乾坤。名山宰相無官位

陸地神仙有子孫喜見函秦來紫氣適當風雪滿程門

延平聲望東南重晚節黃花沐湛恩

星輝衡嶽燦南天八百椿齡擬大年述作風流秦漢上

優游壇坫綺黃前衛尊不數耆英會導引常居太華巔

陳臬久曾叨緒論叅同契裏獲瑤編

嶽麓行　　羅廷彥

嶽麓嵯峩天南陬湘水迴抱如渠溝南望九疑衡峯勢

奔騤北瞰洞庭江漢光洸浮上有懸崖峭壁之禹碣下

有萬家城郭開雙眸晝有䌽鷁樓船牽引而絡繹夜聞

漁父欸乃月下搖漁舟屈平楚騷詞賦祖韓杜文章千斗牛至今遺芬剩馥未銷歇煙雲杳藹護橘洲春深花鳥萬木稠其中忽聞絃歌相唱酬或似武城下車聽或如舞雩冠者童子歌聲斷續山林幽父老爲我言此是古潭州在昔有宋張魏公尊城坐鎮作王侯哲嗣爲南軒城南列舍生徒鳩晦翁聞之至自閩嶽麓相望會與鄒當時從者千餘人海內雅館尊奎婁吳西章廬粵甘泉寤寐兹地會神遊我朝文教亘萬古盍以經室施漆縣章甫元端奉遺像環

林璧水相遮周立之學官董其事儀尊享祀崇春秋
宸章高懸光日月
御書殽列雲閒樓皋比禮致若馬鄭盡使諸生成楊游
豈不聞五嶺綿亘跨南北蠻煙瘴雨炎風颶又不聞武
功太白天咫尺欲上不上登者愁茲山名傳自二子雄
視南邦無匹儔不然七十二峯巾一峯誰信湘山比龜
蒙仰之瞻之不可及雲深路峻樹重重

上巳日邀蔡雲帆游嶽麓用工部嶽麓山道林二
寺行韻　唐仲冕

臥游行游虛實殊題牋命儔詩思紆天放新晴照西麓
人約舊雨渡南湖浮洲頻橘載搴艤懸洞抱黃有煉爐
三閭祠前釆芳芷二妃雲外懸明珠牡丹葩後杜鵑發
絳桃豔與紫荊俱可惜道林落師象但餘老樹藏禽烏
百泉軒遠瓣香在四絕亭荒一筆無急尋赤石倒薤讀
徑上丹椒短節扶東林訪寺茶正熟北海摻碑莽先訴
對江列炬見臺埭講院橫經知道腴名山壇席憑誰主
空谷鼓鐘應客呼甚恐猿鶴怨傖俗敢辭跋涉愛孱軀
騁懷如修蘭亭禊愈病更勝輞川圖且免鷗盟問諾責

却訝鶯語笑鷃孤老逐風光愛和暖歸聽前後歌唱于
長記六朝松高古底須秦封五大夫

道鄉臺懷古　　俞儀

道鄉臺上一長吟風雨迷離夜色沉非是山僧能列炬
當時直道在人心

朱野雲爲我作南臺寺隨慎齋先生看花圖因題
有序　　周鍔

南臺寺方春山躑躅盛開寺如在紅霞蜀錦中
先生呼同學生偕往觀焉其花甚賤而繁同人

皆手折一枝從先生歸蒼顏白髮拄杖前行從者數十人花影紅簇隨之滿道眞一幅絶妙看花圖也余先有詩記之曰野寺春花盛絶無紅霞一道映簪裾先生杖履生春處只惜無人作畫圖今屬野雲圖之以寄先生因題二絶

野雲下筆能寫生十七年前是此情（自甲辰至庚申凡閱十七年）不敢漫如圖畫看今知游息荷栽成

意中花事眼中山我列諸仙侍從班七百年來無此樂晦翁風範在人間

雲麓宮　陳士杜

花宮天外立晝日白煙封霧窟疑無寺雲端忽有峯瓦敧千片鐵門倚六朝松萬籟聲聞寂禪心證碧峯

湘南述別四首　吳榮光

且住爲佳又七旬今朝方悟別離身我如雲雁飛將倦誰惜泥鴻迹未湮棠芾森芃新傳舍（中丞及方伯甫到）袍同簪盡舊根塵（近堂制軍餘山中丞春帆學使竹泉方伯皆舊雨也）戢轅自問曾何補已歷星沙五度春

氷壺慚愧説清高半載旬宣即建旄除惡敢云稂莠盡

獲匪胡三等五百七十餘名掃氛重記鼓鼙勞江華武岡兩役豈能要結千人譽只念艱難百姓嘗乙歲蘊隆辛歲潦至今魂夢尚驚號

校經逸湖歲昭陽坐有八師此講堂出齋蕉農兩院長奧衍總期探鄭鄉精微應並守朱張一區福地嫏嬛貴千古騷才草木香他日扶輪多大雅斲輪會否記吳剛

此去扁舟一放歌身名俯仰意如何明明嶽有靈常鑒淼淼湖方靜不波九郡撫綏臣力竭一官留戀聖恩多江關迴首懷湘夢願見年豐萬衆和

紳鳳西方伯過江步禱於嶽麓峯絕頂賦詩一首

次謝向亭學使祈雨詩韻　歐陽厚均

荆楚歲時俗湣古玉燭年年調風雨今歲離畢偶失期長沙十里有焦土偏災一隅中一隅大吏惻然憫農苦誠存方寸爲物祈撤蓋去軒不憚暑精意自應通九蒼歡聲已聞動萬戶而我無田食破硯兀坐深山日忘午偶攜弟子得得行竊聽田家嘖嘖語昨宵渡江大方伯靈泉晨向嶽峯取靈泉汲取靈雨零風來不復熱如煮立見穡苗興浡然時有山雲潤柱礎更聞星使浮湘來

多士雲集龍江滸連朝局試蒸炎威望雨頻復計日數齋心默默祈以詩造化欲使筆端補猗與南國多慈君召伯甘棠郇伯黍遙遙千載遺愛留至今尸祝奉樽俎吾儕小人亦何幸前賢惠政後賢舉從此膏澤自上下綏以屢豐其福汝

集禊寄興

萬事豈由人致一生自有天知此懷無躁無妄與世不激不隨

羣生咸由化宇一室坐領春風靜觀無不自得清興亦

與人同
每日一觴自足此外萬事不知激水因生湍浪和風聽
引游絲
風月以外無言山水之間足樂攬古可興可觀寄懷有
感有託

上巳日陪唐陶山先生遊嶽麓和用工部嶽麓道
林二寺行原韻　蔡用錫
疏狂容我似蠻殊腰間底用金紫紆雲麓崰岈引雙屐
晴瀾澒洞吞五湖卻憶當年大林鐵會投此地干將鑪

六載登峯冀躡頂一朝買櫝嗤還珠襆被甘向林谷別
聲華敢道鄒枚俱豈意長鳴困老驥方誅反哺歸慈烏
岩花澗草春屢改樓雨簾風今已無香山耆舊快躋覽
上已追陪懽襲挾眼窮極浦蘭芷賞胸盪層雲荆棘誅
悔敎橐鞾拾牙慧坐令味肋遺腹腴機心靜息數嚋昔
山靈隱約相招呼欲買揚子一區宅來寄苟生七尺軀
座聯大宋襍小謝案置左史兼右圖提壺沽酒伴野叟
持偈參禪隨獨孤人來熙熙往攘攘我臥徐徐覺于于
試看歸田養高潔共說賢哉疏大夫

戊申四月三日雨過嶽麓書院題壁卽呈伊輔學士同年　黃爵滋

卷雲亭數隔江峯，欲上峯頭雲轉蓬。小院簾櫳初乳燕，高潭風雨正飛龍。千秋禹蹟摹岣嶁，片石唐碑乞李邕。何日更來共君酌，夕陽歸聽道林鐘。

登嶽麓冒雨尋禹碑步堯農韻　萬貢珍

穹碑說在最高層，約伴幽尋試一登。五百年來樂可數（卽用堯農札中語），三千載後讀猶能。舊游競欲傾新蓋（山頭遇雨各持一蓋），仄徑無由覓古藤（徑險處有扶草根而過者）。急雨瀟瀟紅葉暮，注

坡餘勇更誰曾（下山時梅橋急乃甚勇故云）

游嶽麓後二日堯農復以詩來索和爲步其韻仍約小集作賞菊之會

三登嶽麓庭禹碑夙所慕鼓勇此躋攀乃復需雨具探奇不厭險因險始得趣山徑各蹣跚人若蔦蘿附迴看徑行處失聲竟飛渡下嶺石犖确不得一安步歸來閱三日此步始循故奇章忽飛來旗鼓失所措描摹及幽爪一一如相訴遙知煙霞客有疾未成痼把臂及盤桓庶勿改此度齋中有殘菊並俟高車赴

嶽麓山賦 有序

朱茲丹

嶽麓之勝甲於楚湘予客星沙蓋三年於茲矣日困塵鞅弗遑登眺乙丑榴月適有餘閒嘉客伴予以寂寥主人佐予以俎醴渡江游衍無幽不探把酒臨風致足樂也恐睹記偶遺爰作斯賦

稽翼軫之象緯繫長沙之一星照荆襄之疆域延下土之萬垠厥地既上應乎列宿郡邑遂因之而得名與國奠位山川彙精襟三湘而帶七澤轡九嶷而冠百城學

維名勝嶽麓諫尊秀本峋嶁高擬崑崙谷盤旋而蜿曲石突兀而虎蹲書院聳乎岡阜梵閣矗乎林樊以是騷人神遙遊人心賞見則留咏聞則結想余也懶星渚之久棲悵名山之未上欣主人之予請幸追陪之有鄰於時澤蘭香郁嬌荷水掬紈扇風搖炎曦雲覆一葦將杭人珍亦簇就輕舠兮蕩漾挂片席兮迅速底曲灣兮岸西登陸程兮步北磵乃循芳徑躡深磴詣農樵聽鐘磬覩坊桂之卓峙知寺院之聚勝道範可宗講堂猶在文風可挹箴亭尙崇（亭內有方碣刊視聽言動四箴）時習日新朱張昭其

闡敎時習日新兩齋係朱晦菴張南軒兩夫子講學處開來繼往會李與其棟隆額扁開來繼往旁有會如春李騰芳碑記曲道細流亭貯及泉之水及泉亭方圭嵌壁堂匾成德之風成德堂拂拭豈碑宛似當年之結構嶽麓碑係唐李北海所書追尋古蹟方知今日之躬逢六君子堂皆註有名姓爰是迤邐而西崎嶇偪仄屩舉而進峭峰崷崪望之巋然而坦剷者石之壁就之虬然而屈曲者禹之筆其文裔皇其靈炳日亭內石壁刊夏禹蝌蚪篆文七十七字既再拜而稽首亦神竦而股慄少焉轉山腰之晚陰渡谷口之滲洸賈步武之餘勇躋窈窕之修岑且行且憩豁目開襟殿

納千山之翠禪開萬壽之林（萬壽禪林即嶽麓寺）黛繁蒼松明霽景紫崖綠竹映清潯鼓鐘寺內嚴香火笑語窗前聽鳥音因復還探邃秀玩狎永晝入耳潺潺泉響幽深之澗凝眸朗朗江臥嵯峨之岫禮眞君而肅穆昭虔登嶽石而拜瞻恐後（眞武殿下有拜嶽石平坦懸崖有廟）俯瞰而岸嶂如鱗似觀而雲霞若織嵐光擁翠拓開天地之奇雲氣漫空鎖斷塵寰之陋當斯時也可以解騷人之恨可以消遷客之憂可以釋湘妃之怨可以蠲宋玉之愁景物意遇奇勝目收於是憩東山之屐登北海之席擎琥珀之紅泛葡

蔔之碧暢我藝襟樂我嘉客事彷彿乎蘭亭醉倘徉西
岸幘方今
天子聖武神文英謨勝算廟清妖氛聲教翔洽德化流
恩東漸出日之表西被無雷之垠南窮火鼠之域北盡
烏喇之羣文章則昭回雲漢膏澤則汪濊河汾景慶耀
其輝彩川嶽蔚其氤氳樂昇平於化日獲游衍於夕慓
噫嘻勝景難逢韶光易轉翰墨罔識山靈竊羞雖寡陋
之是怍然賭記之可求爰馳情於文苑遂紀事於筆鋒
若夫巖花豔吐崖樹陰濃楓嶺飄紅松巒積素金燐曉

光珠點夕露雨洗煙空月明雲路此又四序之芳華非一時之可邁請以俟班馬之奇才補余言之所不足

嶽麓修禊賦　劉工詢

曜靈在胃青陸從東朏魄雙交律姑洗而參變羲和綴轡旦牽牛以正中感節序之遷移天文可仰觸扶輿之磅礴地理何窮杞幹維材間道荆州有木漢江成咏漫云楚國無風矧物華之攸萃允人傑之所崇緊惟嶽麓號曰名山連一脈於衡陽身分朱鳥鎮名峯於長府體絕塵寰峭壁危岡收九千丈之精氣幽溪邃壑通八百

里之潺湲列四大鱣堂舊設譚經之案聚羣賢鼓篋原無失路之關誠有心於仰止詎相阻以躋攀爾乃襟帶江流瀠洄澤潤昭潭無底橘洲隱隱相浮湘浦多奇岸石斑斑若印間愁生楚客一曲峯青游興惹騷人三春花信亦有江頭問柳未便忘機豈無畫裏凌煙勇於前進蓋緣淑氣之可親甯憚茲山之奇峻則有前代沿規芳年美景瞻彼洛矣肇自京周寘之河兮傳於秦境蘭亭會上風流愛說永和金谷園中陽春誰似楚郢撫名勝於隩區修故事於俄頃波揚筆海笑鵬賦之不祥纓

濯余冠憶漁歌之有聲天馬峯前飲馬汲盡西江蒼筤谷口滄浪倒側巒影漱石萬里之流振衣千仞之嶺便是褚公之池何須賈傅之井時則水綠新蘚草青正茂賦詩之令行泛醳之曲覯一觴一咏暢敘無譁式飲式歌爲湫恐後游絲空轉偏飛几席之旁綿羽流嚶疑助鼓吹之奏擬荊潭之唱和序問昌黎類舞躍以浮沈奇傳子厚不爲蠻語娵隅二字笑參軍如坐湘亭春色十分懷太守此眞游目而騁懷何止羣季之俊秀於是觀日烘席和風動林與闌酒倦追昔慨今百端交感千里

寸心送客飛花工部長沙之憾別離繞樹仙才楊柳之
吟攬平遠於湖光南軒逸興溯淵源於古渡西舍青襟
薜芷江蘺盡是前修藻潔飄鸞泊鳳還敎過客摹臨拱
極樓梵韻遙聞茫茫舊刹道林寺石錙猶在落落知音
黛雨香風數不盡會春遺句殘甎剩甋誰爲惜吾輩分
陰發餘情於盛事知寓意之遙深已而帟帷徵壺觴休
禮儀具備徙倚姑留指點春城牡丹濃華在眼從知土
女天寶富貴無求厠膠庠之內思雨露之由培塿處處
成封登山力小布穀聲聲催種力穡乃秋輕薄長安何

其兒戲風霜南嶽尚說嬉遊問經途於老馬步前轍於姱修然後童冠仍偕旋歸斯速升君子之堂謁崇道之躅入誠明之齋憩敬義之塾做尺度於蘇湖得儀型於白鹿賜書千卷常披董氏之帷啖粟一升誰貴希文之粥毋流連月露託云茂叔吟風勿拋擲規模只說南山有竹今日之遊樂乎舞雩之從請復

船齋賦　楊昌光

桃花水漲蒲葉帆收林邊矮屋樹底扁舟涼生荷芰之衣望湘亭畔響徹梅花之笛拱極樓頭尋橘柚人家五

六月開閒撐畫舫聽梧桐夜雨二三更裏遥唱漁謳披吟有二一酉之書船宜號米來往無白丁之客室合銘劉維時人忘夏日夜到秋風荼蘼徑北楊柳堤東打畫槳兮雙雙半江雲白放野航兮一一兩岸霞紅孤鶩浮來遥開粉本雙魚網得誰寄書筒恰當泉氷清時頻遊水國如到蓬壺深處合號壺公則有儒雅之林風流之侶蠟屐江臯攜琴島嶼望野草兮無邊隔紅塵兮幾許竹枝搖半簾明月有客開筵蓮花渚十里清風何人避暑鄉原是水煙深露白之閒船可爲家柳暗花明之所無

煩過客之招呼獲遂同羣之笑語蓋彼船齋潭帥所置問字名區論文勝地半間小屋便是漁舟四面疎窗宛游書肆鋪來綺席翳障俱空掛得輕帆生涯可寄濃陰入座依稀槐市風光微雨侵簾恍惚蘭亭韻事爾其朝浮薄靄晚掛斜曛輕拖霧縠徐漾波紋前村碧漲三篙羣賢共聚對面青山半角舊跡遥分人臨習字之池消夏灣雙枝篙下天送催詩之雨招涼館一夜膏焚屋果

徙倚山邊水邊十里五里隔斷前溪修竹何處敲門補
將野渡輕蘿誰云近市晴嵐遠岸紅開東壁之花落日
孤村綠到西門之水檢點銅瓶紙幌宅泛波中安排藥
臼茶鐺人游鏡裏是蓋造士情殷稽賢宅廣或負笈而
來或浮家而往咏歸橋畔一葉剛回風浴亭前孤蓬又
上羣英會結來此日盛事堪誇孝廉船報向他年風規
可想直是辟雍流處先岸誰登好將泮水歌來前津共
倣迄今菱歌未歇水榭仍開流將逸士之觴書應借得
譜出水仙之操琴或彈來認三兩茅亭雲麓峰頭宛在

望一雙野艇雨花亭外初回蕭莫不登高而眺望慕古而徘徊

長沙嶽麓書院續志卷之四

清泉丁善慶纂輯

藝文碑記　雜記

題潭州道林寺六絶堂　周必大

唐乾符中袁浩作道林寺四絶堂記蓋指沈傅師裴休筆札宋之問杜甫篇章也本朝治平四年秋蔣之奇別爲記謂沈杜固無間言裴本學歐陽詢書寺牽有詢四大字當爲一絶又不應近舍韓愈遠及之問其去取如此今三人詩各在集中衆所共知惟袁記與裴歐字畫

則不復存予既稍葺其堂訪沈碑而歸之復臨闍本歐書並裴陽僧舍裴所作入大字並刻於石蓋歐實鄭人裴嘗牧此俱不可磨今古異同之論衍四爲六其在茲乎後數日寺僧於朽壞中得大中十一年斷際禪師傳心要法序字乃小楷亡其後段亦裴筆眞贋未可知也先是堂之題梁著馬氏五代時職位近歲修長沙志遂謂此石刻於馬氏誤矣

祭太守朱公山長周君安撫劉公文

眞德秀

五聞搶攘六經掃地人文尙闕學校闕如美哉朱公來守茲土以經術導民而書院之教以興賢哉周君繼長是山以德行見褒而書院之名以著中更圮廢亦計有年於惟忠肅丕振厥緒自堂而序命奐一新教養之際於焉大備三君子相去二百餘年而傳經勸學之心前後一致豈不宜哉某以菲材謬承分閫顧德凉何以長民教化所先敢不加意肅容祗謁如拜下風勉以前規庶幾勿墜

衍六堂記　文天祥

余行長沙道湘西登道林寺舊有四絕堂指沈傳師裴休筆扎宋之問杜甫篇章也堂之額吾鄉益國周公書之至是百二十年公又有記述蘇之奇語之奇取歐陽詢書韓愈詩而黜裴宋公獨合古今異同有衍四爲六之說人之意度相遠如此僧志茂以屋壓字漫壽公字於石取公之意易名衍六揭於新堂余嘉其有二善爲補唐賢故事實乾淳遺墨非俗衲所爲爲之嘉歎而記其後

重修嶽麓書院記　楊茂元

長沙府治之西有山曰嶽麓又名靈麓峯南嶽七十二峯之一也居民鮮少市喧不聞泉甘而木茂壤厚而田腴誠一勝境也宋開寶間郡守朱公卽其地築室以待學者眞宗時山長周式以行義著召拜國子學主簿命歸教授詔以嶽麓書院名增賜中秘書尋遭兵燹乾道改元建安劉公因舊址復建書院及藏書閣南軒先生爲之記乾道二年晦菴文公聞南軒得衡山胡氏之學始至長沙訪焉二先生論中庸之義三晝夜不輟其後文公卒更定其說紹熙四年詔除文公爲湖南安撫累

辭不允越明年五月至鎮長沙士子素知向學日候公退則請質所疑公爲之講說不倦四方學者畢至時劉公所剏書院歲久寖圮公修復之更建於爽塏之地規制一新焉聞諸故老書院前有宣聖殿五間殿前引泉作泮池其列屋殆百間其南爲風雩亭殿後堂室二層層各七間兩廡亦如之其外門距書院二里許今其地猶以爨門名而斷碑尚臥田中方其盛也學徒千餘人食田五千頃故諺曰道林三百衆書院一千徒而五千頃之文斷碑可考也今殿址故在而破屋頹垣隱然荒

榛野莽間其址與食田皆爲僧卒勢家之所據矣吾友陳君鋼通守於此慨然圖興復之遂卽文公更建之所爲大門五間兩廡各三間名其左曰敬義右曰誠明取文公白鹿洞賦語也北上十數級復建書院五間又十數級剏祠以祀晦菴南軒二先生扁曰崇道祠繚以周垣雜植竹柏花卉於隙地然其規制則隘於舊矣君閒嘗語予曰是役也吾捐俸爲之郡人若少參羅君鑒都閫楊公銓庠生陳大用輩亦有佐之者始吾擇人以董役吏數輩弗稱後得北寺僧法師任之卒賴其力蓋文

公之感人也深雖異端亦知向慕如此吾於祠後又治址將構亭以遠眺名曰極高明又欲置田百畝以供祀事以食學者未能也予其爲我詠之未幾君以疾去歸其鄉其同官四明李君錫爲構亭四楹推官吉水彭君琢國子生安化李經爲買田若干畝皆成君之志也郡守吾鄞王公瑫嘉是舉有關於風化率僚屬師生行釋菜禮又走書幣求記於西涯李先生其文中所未及者如闢道路廣旁舍備器用增公田儲經史皆得備書也獨予衰病蹇拙詩成而未敢以示人李君過予偶見之

不謂辭翰皆惡堅欲摩勒於石固辭不獲乃以遺之而併考書院廢置與文公講學過化之詳以及故老相傳之言使後之君子覽而有感焉

禹碑　　楊慎

徐靈期衡山記云夏禹導水通瀆刻石書名山之高劉禹錫寄呂衡州詩云傳聞祝融峯上有神禹銘古石琅玕姿秘文龍虎形崔融云於鑠大禹顯允天德龍畫傍分螺書扁刻韓退之詩岣嶁山尖神禹碑字青石赤形模奇又云千搜萬索何處有森森綠樹猿猱悲古今文

士稱述禹碑者不一然劉禹錫蓋徒聞其名矣未至其地也韓退之至其地矣未見其碑也崔融所云則似見之蓋所謂螺書扁刻非目覩之不能道也宋朱晦翁張南軒遊南嶽尋訪不獲其後晦翁作韓文考異遂謂退之詩爲傳聞之誤蓋以耳目所限爲斷也近張季文僉憲自長沙得之云是宋嘉定中何致子一模刻於嶽麓書院者斯文顯晦信有神物護持哉余生又後三公乃得見三公所未見一奇矣禹碑凡七十七字輿地紀勝云七十二字誤也余又攷述異記云空同山有堯碑禹

碣皆科斗書淳化閣帖有禹篆十二字輿地志江西廬山紫霄峯下有石室室中有禹刻篆文有好事者縋入模之凡七十餘字止有鴻荒漾余乃撵六字可辨餘叵識後復追尋之已迷其處矣福建莆田縣陳岩山有自然仙篆以紙模之形類禹刻何翥詩鳥書蟲文不可識如讀岣嶁神禹碑禹之遺跡如此號曰神禹抑有由矣

予既得禹碑作禹碑歌歌並序俱見詩鈔

重修嶽麓書院碑記　李騰芳

按志嶽麓書院之建肇宋開寶迄乾道紹熙其間興廢

不一大都爲朱張講學之地而宋安撫劉公珙我明郡倅陳公鋼洎相繼諸公後先修葺而光大之者也其制門堂樓榭垣繚亭橋靡不具備左則文廟鼎崇後則六君子堂雲構其委蛇而上則由高明中庸諸亭以躋[illegible]巔禹碑劃然在焉此則書院一派所爲別嶽麓禪林而興起者予爲諸生時每至郡過嶽麓見書院規制僅存傾圮過半則不勝珍而惜之迨丙戌後郡祖虛菴吳公來守吾郡廉明宏毅百廢具舉更於書院遡溯理學宗風尤爲加意凡昔所有不惟光復其舊而又多所恢拓

之且與諸生時過講學校藝此余戊子鄉薦之年亦先爲吳公拔識而館穀肄業於此者是予亦嘗際其盛也嗣後吳公守郡九年以治行高等遷大參歷晉方岳余亦叨售南宫濫竽館職遷延歲月垂三十餘年而以南北往來數數顧瞻於此則又見聖賢廟貌越在蒿萊講席堂軒半爲蠹朽最者衣冠絃誦之盛又直夢寐想像之迫予今春復自京省覲旋里偶艤舟嶽麓之下散步徒倚漸近書院則復見命員督役鳩工庀材斤者斧者鋸而斲者鱗次其閒且荆榛草莽之盡除甃砌堤杇之

具集恍然可望戊子以前光景予乃徘徊留之且歎且幸因細詢何以及此則賴今郡祖夏邑儆吾關公以進士高第陟望郎來守吾郡心政遠駕龔黃士庶欣歌襦袴且於公餘時過嶽麓追往緒嗣正統而祈恢拓光大之者毋逐於前乃亟屬三守長葛龍洲韓郡祖檄參軍關隴韓君一體授以擘畫約以經費程以期限酌以賞罰時躬越大江而省且試焉韓君亦本其平時勤毖夙夜趨馳即風濤不避盡五閱月而文廟書院門廡亭祠罔弗載建其圮而重葺其缺遂已煥然更新且謂昔守

吳公有大功於斯地道脈賴焉乃易其舊像之類者更置一位祀於六君子堂堂遂以七君子名矣韓郡祖幸其竣事大合生平崇聖慕道之心乃請諸關郡祖洎二守華陽完初高公三守萬州賓陽曾公司憲福清益謙林公諸郡祖同詣書院而落成之乃相與嘆曰斯地也遞盛遞衰衰可復盛載筆記之非史氏不可是用卽屬予以記斯役予惟自有天地以來道之行世也存乎人人之任道也竅於心至論著紀載皆心所洩廟宇堂構皆心所寄其規模宏隘修葺盛衰則心精之明晦繼續

貫露倪焉蓋道統自堯舜遞傳集大成於孔子而子思孟子乃其繼嗣宗派至漢以來覇王道雜禪元支指宗派幾湮者越千餘載而道州崛起河南嗣之理學名儒四方響答而湖南艮悟講明聖學淵源者則晦菴南軒二公實又一開闢於玆矣然令非劉安撫擴衍宏基六君子諸公中興令緒與吾郡祖吳公力振廢墜光啟前謨彼遞傳之澤倸無遽斬則是吳公以前之能狎主齊盟也非朝夕故矣乃吳公而後閱歷稍久脈復幾湮復幾斬欲宇短垣之内殘崖荒壁之中安所覩中天日

月而何幸今郡祖關公慨然偕僚佐而尋盟於此也將千秋明祀於是乎崇聖賢宗風於是乎振自茲以後百千萬禩之統緒於是乎遞續而克延繼之公賦卓然聖賢之品而廉明宏毅則又頡頏吳公故慕古契道彰往紹來奮然以中興道統自任者先後無兩也然則構堂增典以闡揚明德又甯直以六七君子止乎政可以憲萬邦而教可以師百世又於公有重賴矣詩曰高山仰止景行行止後之仰公又何以異今之仰昔耶是役也予初快覩始而今又慶其落成且冀傳公之道化於不

朽也乃以實屬辭而記之

重修鄉道鄉先生臺記

鄒志隆

嶽麓書院之有道鄉臺也所由來遠矣道鄉先生諱浩字志完家世晉陵宋哲宗朝先生爲右正言抗疏立后事忤章惇得黜徽宗尋召爲鳳閣舍人蔡京忌之出判衡州時崇甯二年也道經於潭潭守温益阿諸貴人意下逐客令旅店不容風雨夜渡湘江山僧列炬迎之大倡理學此嶽麓書院有道鄉先生而道鄉先生有臺之始也越數十餘年晦菴朱先生南軒張先生講學湖南

稱爲小鄒魯訪遺跡而紹明之一築臺一刻石夫亦兩先生之深有當於道鄉先生也者而謀爲志不朽乎曾隆視學南楚駐星沙距嶽麓襟帶水也褰衣從之跋草涉葦吏屬畢集爰度爰諮婆娑廢墟荒壞間不勝屋社之悲而道鄉臺三字碑摩崖剔蘚則不啻靈光之巋然存也豈人與地別有神物護呵其間故造化不終閟其寶耶夫人亦有愛劍履者不以形而遺也矧宗伊祖洛滴滴歸源有眞焉者乎人亦有珍手植者不以微而忽也矧抗顏折檻扶綱植常凜凜然生氣有大焉者乎且

朱張兩先生固一世之大儒也千古所望而宗焉者也而高山景行輒相引以爲重則知生同其撰沒亦同修文地下者耳兩先生有靈其劃半席以避知己也明矣即以六君子論如宋之垂範李公其父劉公國朝堅遠陳公皆以守土儒吏無慚廟食夫嶽麓亦衡土也判于衡亦司土吏也與李陳諸公相剖符而理畫疆而守者何以異乃進不得其登朱張之堂退不得頡頏六君子之列豈寓賢一節足盡先生耶抑當年纂修諸君子固議而不計耶尚與而有待耶禮可義起道以人行若有

侯於今日者迺相迺度惟山之陽高者夷之棘者薙之即僻在湫隘乎而孕毓秀靈吞吐風氣居然沂浴雩風而山瞻斗仰者矣是役也捐貲如千緡搆宇三楹中設一木主神有依也左横列道鄉臺碑舊可仍也右横列道鄉臺記碑事足徵也乃立高門顔其額曰道鄉遺址俾途之人皆得過而問也至築之登登削屢馮馮環堵具舉而事竣矣臺成置祠田如千畝總歲數而會計之以絲稅之餘半給郡學博舉祀事無忘春秋半給祠僧膳香火責之灑掃除滌無他逼處此亦以存山僧列炬

相迎之遺意庶幾續傳燈於不滅云爾時長沙守何公節四川人郡佐師公承寵四川人程公文律廣西人黃公元聲江西人甯公繩武南直人長沙令賴公朝選福建人善化令潘公之相廣東人一時諸賢各協乃心共襄厥事爲堂構肯者僉云無過佚名賢以光祖德視向者下逐客令而風雨樓其止有山僧作朋好者其人之端邪賢不肖去相萬萬司李甯公耑董是事以修明書院諸賢於闡微覲微有大功焉善化潘公亦以其地隸治內故一切勞任之而拮据督工則善化佐令謝國瑞

也是爲記

鼎建元帝宮六元帥殿碑記　周堪賡

攷道家言虛危之精嬗而爲人蚤歲修道太和山之南巖道成乘龍天飛是爲元武之神自茲風穴雷洞應變不測以黑駝裘角之劒斷魔消邪爲國爲民靈貺亶集於是羣仙四翊而特起乎中央旁有介士玉板金籙冉冉而升錫之榮祿振宗風於永翊協水德以通元其三天之烝與其九清之輔也故闡其威曰帥尊其靈曰元蓋坎北方之卦也皇元之興肇始於北北方之氣將王

故北方之神先降鞭駕風雨震煜日月山川鬼神以莫不甯至元庚午冬月帝獻龜蛇瑞相於大都高粱河此後天而奉時之應也帝尊居太乙驅攝萬靈周行六合佩元旗垂斗柄啓天扉騰綠斧非帝罔以喻其靈非帥罔與嘘其略此先天而弗違之理也故元君陟降左右六師者帥之昭事欽若乎句陳千仞抗我皇穰者帥之夙夜寅畏乎鞬櫜載揮以庶孔殷者帥之介福四境乎惟帝之作鎮均房間也參居三華雄視南衡從古七十二家登封有跡所在禱祈山委川赴况長沙翼軫之墟

殆七十二峯之所托足也乎然則其能出雷雨昭靈符也天告之矣麓山遺蹟舊有元宮引以石徑植以松杉磵薈鵠峙洞戶蘧綴遊者入山望之如環霞披霧自吉藩胙土以來而旅祀隸焉隆慶壬申內輔李公安綿舊宮而新之告成於萬歷甲戌之冬今閱歲幾七十矣猿鳥幽嗥林榛紛覆蜿蟺龍宮䵟焉輪刲右輔忠吾張公時蹶麓山之勝愍兹曠地謂帝爲岳鎮祠望所歸以聖天子綏柔百神我國王屏藩四履微臣竊祿懷恩廿有餘載捐槖罔效於上寸丹聊矢諸神曰自今以往內和

外常錫詖王圖緊帝之休其何敢愛一緡一綫不以爲山靈助於是選材諏日沿帝之常制䆫新鐵瓦覆堿貌堅初年㪟一天門迺鼎建三楹鏤餙六元帥於前壯帝威也鐘鼓在懸考擊以時丹碧焜晃洵謂具美諸若聖公聖母天妃殿飛來閣翼翼煌煌一還往格而丕新之於時平川王公一樂捐鏹助襄厥美經始於崇禎壬午五月越八月而工竣噫嘻開闢以還金眞出世其八十二化寶同天地並永𡢁也圮而復隆今且新而加盛忠吾公道緣廣覆元德上歆將與是山叶靈不朽也哉其

辭曰

虛危之精元武君上臨元天配至尊穹龜贔屭朧蛇蜿手指北斗酌乾坤四十二年遊紫府蒼龍在左右白虎朱方翼翼朱鳥舉騰精躡影我爲主山靈守之誰敢侮或按長劍坐黃庭吐納日月含風霆五龍冉冉隨降昇倏而去之若流星忽而來之雨冥冥鬼車九頭匝火屋山鬼倚樹惟一足玉虹飛兮紫電伏長蛟鼓浪沈平陸神君一顧將赤族前有殷房後馬田陳搏尹軌相攀援堂堂大將凌風煙五龍守位輔乾乾新開大殿晃雲纏

璿題藻井相鉤連顧神泯掃下三天湖南作鎮萬斯年

禹碑說　　古通今

淵明讀書不求甚解會其大意而已然世實有不可解不必解者正無容强爲解也自虞義一畫蒼頡蝌蚪天地菁英强半洩於河洛之中然謂雨粟夜哭遂足以盡大造之秘靈藴不若是淺故仲尼之不錄典墳書之斷飫春秋之郭公夏五詩之由庚白華雖屬闕疑然安知當日非實有不可解之深意姑闕其文存其名以示義乎如大禹乘檋乘橇之餘雍徐八州地衍而土墳而荆

地奇山怪石盤錯龥爻於其際設非有不傳之秘出人耳目思議之外何以鬼斧神工不經意而鑿迄今安瀾就道睹水思明德者悉稱爲神也哉禹碑授自神禹云得此可以治水夫以懷山襄陵之勢受治於金簡玉籙之書首是豈尋常章句之可測諧聲轉注之可考也耶且茲碑之載於岣嶁者隱見有時漢唐以來僅兩見今特摹倣之餘蹟耳其靈異所鍾當與九鼎同出沒也自楊升菴先生創爲講說後擬議者數家非不各有精意正使剖與剔秘一如隨刊之肯恐地平天成不若是膚近

也蓋天地原有不可解之奥即後人之識能抉其微孰如置之無可思議之列其精義更不可量哉況夫神禹之功自應有此不泄之秘也乎愚謂禹蹟奇矣解之更奇不如不可解之爲眞奇不必解之尤善會古人之奇矣

吳嶁山墓碑　　堵　錫

牧游氏曰余自吳入楚懷探五奇山川鬱蒼赤壁一煙波浩渺洞庭一衡山名嶽一嶽麓靈勝一永州山川最奇一此爲予跡所得至目所得經故也予宦畱長沙嶽

麓遂爲几案閒物甚立揖讓入之而得其性情神理之
所至固知此中必當有奇人矣近今以來有嶁山吳先
生名道行字見可生卒之歲相去八十有四此八十四
年閒事先生自述爲年譜蔑遺也其父兄以學行著於
前其子愉慍儆孫甯詠泰禎又彬彬愈奇於後先生入
試於鄉兩入彀而失之遂爲嶽麓閒隱君子焉然而先
生有五者於嶽麓尤奇也夫以嶽之生是人也其人弗
克副之此非嶽之所生者也先生渻樸麓之容坦迴麓
之質崢嶸麓之貌靈幽杳藹麓之胸懷麓之所生必出

於數者然後可而予尤有慨於達者之言耳一歷而人之識低城一規而人之魂狹此好曠之偏僻亦攬勝之快旨也先生半畝江皐一樓吐納煙曉挹而起返嵐晚帶而空澄目即手採推襟送抱先生樂此不疲矣而先生非獨優游容與之人先生蓋篤倫敦義講學窮理人也昔宋太宗以九經造士而嶽麓與嵩陽白鹿睢陽并爲四大書院朱張倡明道統厥後與廢靡常萬歷中張殿撰論道其中先生大暢良知孝弟之指一時遂相引重而先生孝友雍睦具見記傳事不一書如先生者乃

眞不負嶽麓於是上溯遠古式及今茲考神禹之形迹懷子雲之鉛槧紀昔今之日月披賢哲之風雲厥志惟勤厥功惟懋自餘著述藏之家乘揚之國華而麓志一編意思爲宏遠矣抑余聞韓昌黎登華山絕頂恍惚驚懼至於痛哭乃至作書與家人絕縣令百計取之乃下使是時昌黎終不得下卒以登山好事陟險探幽委身絕壁豈不千古一大奇而華山不肯輕以許人長沙之嶽麓於嶽爲距於郡爲客爲賢者區藪爲名物景光先生生當若地近厥幽居識學於山堂志紀其勝蹟而不

足以竟先生之奇畢嶽麓之事於是懷忠感賦絕筆甲申千秋已矣一笑冥冥度麓陌阡升麓岡原營蒼筤以藏魄抱蒼白而長眠先生以嶽麓爲生死焉其元配石孺人懿嘉內治藏在家譜先先生瘞玉於茲麓者又二十有四年蕭嶽麓之許先生甚矣有先生以爲人祖父其子愉孝而義介以和從太守討賊死之其孫甯訥好學能文痛父愉死王事奔走號呼周行千里於暍塵烈日之下十日得遺骸三日不食死先生從祀鄉賢愉從祀周蔡二忠祠予探麓而喜記嶁山先生而敬附記瀹

甯詠二子而悲然皆可以無憾於嶽麓

重修書院記

常名揚

余發跡三韓早登仕籍自御史臺分守外藩宦轍所至多在燕齊秦漢之間嘗考記載天下凡四大書院嶽麓其一也若嵩陽若睢陽皆久湮沒惟嶽麓與白鹿爲朱子講道處故至今仍存每思一登其堂訪聖賢遺跡覽江山雄瀨之勝然僕僕未遑也戊寅春余方參藩荊北特奉

簡命觀察湖南而嶽麓近在會城之西南政事之暇渡

湘江遵橘洲循麓登山首謁先聖旋至講堂周覽殿隅碑傳神禹之書臺記文公之字南軒之澤猶存朱牧之規可紀誠千載名區也而殿宇廨舍半多圮剝詩書絃誦之聲亦復寥寥詢之故老爲言書院自宋以來時興時廢當今

皇帝二十有四年前廣甯丁公開府於此重加修飾工既成再疏陳請

御書扁額賜經史諸書藏之院中一時之盛炳燿千古及丁公晉秩去至今十有餘年漸就榛蕪余慨然念之

曰是不可以不修也因思吾家觀察公袞當唐建中初
出撫閩南至則爲設鄉校親加講導於時士風丕變人
才與中州等傳之史冊余雖不敢希美前人而敦崇教
化其素志也於是請之大中丞金公曰可謀之方伯王
公大參成公亦曰可遂倡始鳩工郡邑之賢者莫不鼓
舞襄事漸次以舉修
御書樓而龍章典籍無敢褻也修
大成殿而瞻拜饗祭無敢後也修禹碑亭以護靈文重
明德也修書院而廡舍戸牖之皆飾栖師儒也其他爲

祠爲堂爲亭爲軒或垣墉之或塈茨之昭往蹟也材不責於市匠不發於伍歷日月而卽於理然是役也皆由大中丞以興起敎化爲已任方伯大參諸君子又皆以育賢愛士爲心故能相與以有成功而不敢侈爲一人之力也書院既修進多士於其中朝考夕糾相爲砥礪闡文章之旨晰道德之微功名理學蔚然振起擬瀟湘於洙泗予不能無厚望焉雖然事必久而後能傳敎必久而後能善余雖幸書院之重修落成於今日而又恐來者之不克繼則時興時廢之嘆後之視今猶今之視

昔也故推其意而言之以記之於石

重修道鄉臺幷建祠堂記　　趙申喬

余涖潭治事之餘即稽舊典應秩祀者所司詳列具報內有道鄉祠而其祠之所在併祭者何宮則俱不可問是名存實亡俎豆之缺久矣及覽府志載道鄉先生謫衡過長沙守臣溫益下逐客令旅店不容風雨夜渡湘江至嶽麓山僧列炬迎之後南軒張先生爲築臺晦菴朱先生刻石曰道鄉以表焉明萬歷丁巳學道鄒志隆故蹟巘山下建屋祀奉今廢余爲低徊慨歎者久之夫

先生抗疏危言植綱常而忤權貴功名既所不顧身家亦不遑恤何有於臺何有於祠第以先生廉頑立懦闢其風者莫不肅然敬油然愛願得其遺跡一瞻其廟貌以附於私淑之列而因以激厲有位扶進人心何爲一臺一祠聽其廢而不復也及　問其臺臺在不過苔蘚剝蝕已耳問其祠祠在不過庭垣傾圮已耳此僅僅木石畚築者猶非甚煩難之務也何載筆者竟借之爲廢址而守土者遂緣此以廢其祀也前哲芳徽忽然泯沒豈朱張兩先生垂示不朽之意乎予於楚南理學忠義

之祠久而漸湮者悉已修復荒墜淸其基址煥其規模
而先生居敬之地尚委草莽是予之責也嶽麓隸善化
境乃與善邑章令謀所以與之俾先往相度章令復予
曰鄒學使建屋三楹置主祀於中楹今木主已失而左
爲道鄉臺碑右爲鄒學使自撰碑此卽志所謂建屋奉
祀者也然地處窪僻屋太淺隘不足以容駿奔光祼獻
似宜舉臺碑中立以崇朱張之迹而改卜壤建祠以隆
禋祀之規惟裁奪焉余深然之爰於書院前左方得隙
地一區構材鳩工爲祠三楹繚以周垣中爲祠門棟宇

臺城一準程式其臺碑既還於中視榱桷之朽者更之瓦甓之損者易之墻墺之頹缺者補而完之凡閱四旬而始竣厥事惟臺與祠相望一時並成自此春秋致祀濟濟蹌蹌可無嘆於寒烟蔓草矣嗟乎先生之沒已數百年而睇其臺如見先生焉拜其祠又如見先生焉彼章惇蔡京溫益輩雖得志亂朝而至今齒其姓名牧豎猶爲唾罵則先生可無憾而後之爲惇爲京爲益輩嫉正若仇誤國流殃者不亦當瞿然悔悟以免爲凶僨之所竊笑哉余固先生同里之後學也叨撫是邦幸藉茲

臺兹祠記數言以有光於兹土而更期後之人時加
治勿忘今日之舉焉可耳至鄒學使置有祠田按碑清
釐以資香火亦崇久遠之一助也

善化學陳公去思碑　　郭金門

立崖陳公諱際鼎字武子學道君子也公江黄華冑歲
丁亥來司鐸善庠相尚以道多士宗之湘之西舊有嶽
麓書院距江城一帶許爲朱張兩夫子講學處
今上御書在焉前陞任撫軍趙恭毅公留心勝蹟慨然
以昌明道學爲己任廉公賢明特疏

題請分駐以專職掌既報可遂渡江而西未幾俎豆宮墻頓開生面湘蘭沅芷悉入甄陶趙公聞之寓書三致意至比諸胡湖州焉嗣大中丞河陽李公復命公兼攝館政公益以斯道自任崇正學黜浮華慎丹黄嚴課式大湖以南人士經其指授獲登賢書賦采芹者後先相望今年春

天子嘉乃績拔擢大尹調選都門諸人士之孤其德而沐其教者不能忘也盍謀壽諸石且以余曾主講嶽院丐言於余余惟嶽麓一山實七十二峯之最天馬金牛

玉屏雲麓孕秀包靈含英鍾淑非其人莫克主也即强
主之山靈必厄塞抑揜湮沒不使傳故數千百年閒惟
神禹陟其巔朱張躡其窟北海道鄉六君子窺其涯而
涉其藩他蓋不數數覯所以余曩者敬業斯地深懼學
殖荒落貽笑山靈今陳公家學淵源規言矩行其守介
其氣醇其識博其敎肅所謂以道自治復以道治人者
也噫書帶常青丹崖不滓大有人在眞無負斯山矣乃
論者顧以公爲飛北闕不獲長作靈麓主人爲惜而余
獨不謂然蓋不朽之業半在名山如公者拓落一氈其

道化所洽能令人慕而從從而服服而思則此山不曾公家故物即他日親民社鎮方面或爲召之棠或爲杜之碑恐不及斯山片石直與朱張一燈共照千古則公雖去猶未去也而又何惜哉是爲記

嶽麓書院記　易宗涒

宋四大書院曰嵩陽曰睢陽曰白鹿洞曰嶽麓也嵩陽睢陽白鹿洞民間所建惟嶽麓乃宋太祖開寶中郡守朱洞所創眞宗咸平中州守李允則請賜書籍於院而山長周式以行義著召見拜國子主簿賜鞍馬使歸院

主教而書院始盛高宗紹興中安撫劉珙延南軒張子講學其中而書院遂日益盛光宗紹興五年朱子晦菴安撫湖南更建於爽塏之地立館舍置學田爲諸生講學以黎貴臣充講書執事而從者數千人一飲馬而池水盡竭遂有瀟湘洙泗之目其盛甲於天下矣嵩陽諸院皆不及也元世祖仁宗兩朝劉必大劉安仁次第修葺自是而廢弛者百五十年至明孝宗時太守錢澍因元舊址重修之陳鋼李錫彭琢楊茂元王瑺踵事增華以成前志武宗朝守道吳世忠以風水未美遷正學基

翁理孫咸置田千畝以攸人陳論爲山長署湖南道學淵源錄而學使張邦奇鼓勵有加彬彬蔚起遠近稱頌世宗朝太守王秉良孫咸更爲建置名其齋曰誠明敬義曰新時習舍曰天地人智仁勇復請賜書置山長如白鹿洞例學使郭登庸聘郡人熊宇主教事使諸生卒業逾年中式者十餘人一時振興遂逾其舊至神宗朝巡道李天植及吳道行唐源鼎潘之楫又加培植崇禎年黃承中高世泰重爲興復然視朱張之盛則皆有間矣此書院修建之大略也建創固歷千年恢擴尚資今

日康熙二十六年我
聖祖仁皇帝
御賜學達性天之額兼賜十三經二十一史於院中丞
丁公力爲修葺嗣後賢當事接踵舉行雍正二年命生
主敎其中今
皇上加意作人於雍正十一年各省皆賜千金以爲書
院興賢育才之資更逢大中丞鍾公以宗伯師臣開府
南邦仰體
宸衷情殷化導商之藩臬兩司精心籌畫將千金別爲

經營爲嶽麓計永久各節其祿之所入重爲修治延李君天柱爲主教以司訓羅君士撰司其筦鑰俾諸生讀書其中授以饔飱資之膏火中丞公率其僚屬親臨其地勸誡賞賚人人自奮將來望風雲集書院之盛於兹方始矣竊以嶽麓秀發衡山蜒蜿千里三湘環其下洞庭瀠其旁踞湖南之勝地固重矣而又有朱張兩大儒講學其閒而地又以人重也今我

朝兩賚

恩綸賜額賜金又有當事爲之宣承俾永久無壞其繹

煌炫燁增重於書院者又越古今而上之矣獨是讀書其中者當知其所重不徒以工文詞弋科名爲能事務求隆德茂業以仰窺於天人性命之微坐言起行出而
贊襄
文治人倫明而王道成盛莫盛於此矣則庶於朱張講學之旨有得而不負
皇上教養之隆恩當事之深心也夫

蔣大中丞嶽麓書院去思碑記　劉紹濂

國家化洽百年文教薰蒸沚陵頌聲莪爲昌黎不

材也嶽麓爲宋儒講學地被澤尤渥先是中丞丁公
秉節茲土
聖祖仁皇帝賜額學達性天一時仰彝訓者靡不
朱張識乾坤也厥後士人遞起汀蘭渚杜
馥郁有自乾隆八年
皇上愼選撫臣中丞公以內庭親臣出撫南楚下車之
後慨任修舉圮者復弊者挽利遺大而未啓者咸與勒
石紀績當不使碎葉擅爨也而其雅意諄諄尤極不忘
學校人材到省之十月即疏請院額

御書道南正脈伊洛之傳如日中天明年以書院久故
恐就頹欲重修捐錢爲闔官倡整治其腐折葺補其缺
彪煥新其赭堊自大成殿而廡而樓而祠而講堂而齋
舍而亭而臺一新面目未嘗騷動閭左夫征也大抵巋
秀之區有開之者則必代有繼之者天固不任其湮於
菁蔓而奇於遷延也嶽麓往自宋開寶間郡守朱洞肇
創書院南軒考亭相繼講學瀟湘有洙泗風盛名轟宙
由此其選也哉
朝定鼎以來雲漢爲章起書院於兵燹莽楚中而輪奐

之循及中丞公鼓吹正學陶鑄多士將使離火之墟筌蹏乎六藝而筏笱乎五經也力任表章聿新鼓舞稱再盛云溯始康熙丁卯院成題額到今五十餘年耳中丞公又復躬起任斯文砥柱

國家美政若鱗在吾楚者亦難觀舉而如斯大典百年中兩見豈獨多士之幸亦氣運所由綿也不知茲山有靈而以啟我中丞公耶抑朱張之靈在而故以俟我中丞公耶朱張二夫子妙契太極微言要旨形諸贈答千載可印也不有昌明而羽翼之者又何以少窺其萬一

謂不於中丞公是望耶中丞公家常熟諱溥庚戌進士
官內閣學士兼禮部侍郎充
經筵講官世襲一等輕車都尉故大學士文肅公冢子
理學淵源今以少宰公入覲
黼座攀臥之忱蓋不能無歉然者爲是撮其鉅端以誌
惓屬云爾若夫訓諭之懇摯條規之詳明禮遇之優隆
稟餼之豐厚極周到者感佩之私固無俟刺刺不輟也
乾隆十年歲次乙丑季夏月時主講嶽麓書院嘉魚房
逢年善化縣知縣兼理書院明英

重建靈官古渡碑記　明　英

湘波設險秋水旋湍落葉蕭蕭細雨洒征夫之淚寒流淼淼斷槎遲過客之踪芳草黃昏白鷺洲邊人彳亍鷓鴣斑　黃陵溪畔月夷猶杜宇催歸何處煙撫小艇蘆花逆旅誰來野渡橫舟豈徒賈傅淚盡長沙與趙少陵心懷劍閣縱有成規而莫舉嗟　空存故迹之依然孰貽利涉茲逢

欽命侍郎署大中丞阿　御史胡　停旌廸澤念切庥民泊駕昭潭欣解清俸繼以大中丞蔣　宏襄盛事力

濟巨川閔行路之多艱慶安瀾於此日瓌磧建往來之渡半汀聽風雨之亭慈雲藹藹枯木皆春朗日輝輝洪濤亦福鶯和陽岸不同溱洧乘輿鴻瓜印泥永快西東襆被厲揭何需隔杜預瀉長江之間潺湲無恙遵張綸鋼鉅石之隄一葦可杭不滯伊人於帶水三門汲浪懽呼我友之卬須第兄嵐村入暮靡憂小徑羊腸颶母號空宛恃臥江虹影洞庭橘柚鷁頭穩下危檣岳岫煙霞蟹舍不驚杯渡瘦馬走山城之驛乍看破浪齊歸幾鳥釋遊子之情耐可擔囊待客夕陽古道嘯蟬高柳秋陰

衣杵河干歸燕雕梁社雨士民感激於浩蕩恩濤詩刪麴葉詠遊於澄清化日歌滿桃花峯峯傳絃誦之聲八百孤寒此日中流自在派派繪文章之狀三千錦繡今朝濟勝何多惟有載道口碑如拜陸宣公萬家之渡庶幾縷鍋心版長銘顏師曾漳南之　云爾時乾隆癸亥冬月

案此碑未著撰文人姓名碑末載善化知縣明英暨士民公立應卽以立碑人爲主名渡卽朱

朱張祠碑記

曠敏本

南嶽七十二峯獨嶽麓傳者以書院也書院徧域中獨首嶽麓者以朱張也朱張舊有專祠祠久廢奉主於四箴亭非所以示崇也當事諸公重建於書院之左仍舊額曰崇道妥主之日肄業諸子擬倣栢梁體作歌既而思超然會太極始知太極藴朱張之詩備矣乃屬予記數言予惟太極者一也一者無欲也無欲則公於己者公於人與天地萬物爲一體此即五峯所授南軒求仁之旨晦菴所與論中庸之義也夫儒者之學豈其自有

餘哉濂溪醇醇於志伊學顏者伊弗視弗顧顏克己復禮蓋惟無欲之盡故天下自任天下歸仁包六合於方寸而非夸也而其源早裕於莘野陋巷之樂樂故無欲無欲故無我忘懷得失人我一視當年請席辭辭端不外此願與諸子勉之

重修自卑亭記　　歐陽正煥

戊寅冬余家大人來遊猴嶺送登斯亭顧謂予小子曰富哉趙公之命名也其有概夫中庸之指乎今夫登高自卑之說學者童而誦之至於工文章取科第置身青

雲之上自命誠不凡矣迨反而求之日用行習之地或不必悉衷諸道是騖高而遺卑也究所謂高者安在哉今嘗欲登麓峯捫禹碑俛睇蒼茫慨然追朱張之履舄而非下循平坂問途已經輒謂其能馮虛御風躡淩絶頂其誰信之然則深造自得之境固自有眞際焉誠使遠觀諸物近取諸身平心以胥之實力以踐之從容漸積以俟之如循絶磴毋廢半途如陟層巒毋阻一間卑之既盡高不可踰矣則所謂下學而上達豈外是哉小子志之其無忘先民嘉惠後來之意也於是小子敬奉

嚴訓繕葺斯亭而泐其說於石

辨志說

李拔

孔孟肇興程朱繼起學道昌明如日中天異端曲術其不足爲吾道之患而亂其志也久矣然或讀孔孟之書習程朱之言而不求其實則其爲害更有甚於異端曲術之爲者不可以不辨也何則人生德業以志爲主爲已則實徇人則虛至於好爲詞章則玩物喪志是又與於徇人之尤者也吾聞古君子之爲學者矣博之事物以擴其志體之身心以要其歸一言之未善則惄惄然

以憂一行之未協則皇皇然以求其所爲返觀克己苦心孤詣者凡欲使道德實有諸己而已初未嘗記誦摘摩飾爲華藻以思表見於當時也然天地萬物之理既已熟悉其源流身心性命之眞又已斷定其根底由是而筆之於書則爲文章措之於世則爲經濟道德文章經濟合而爲一此三代人才之盛後世莫能及也今也不然束髮而受書挾策而呻吟問其呻吟何爲也曰吾以求工於詞章而已問其工於詞章何爲也曰吾以弋取科第而已摭拾割裂務爲苟求速化以自衒於外而

立本貴實之意遂焉無存則雖文采斐然嘗苦於虛誇浮薄而不可救止其迂疏曲謹者流又或拘泥不通而不周於世用使天下之人指而目之曰此無用之學也豈古今人不相及耶由辨之不早辨也夫居今之世而責以古人之學天下既苦其甚難又或疑其迂遠無成而不之信然而諸生之所誦習者猶是古聖之遺言儒先之義理也其甘心剽剟苟且以卒業者徒欲速得志於天下耳然使實心爲己效古人之所爲而爲之安知其得志也不更有甚速者乎先民有言雖使孔孟在今

日也究不得應舉程子亦言舉業不患妨功惟患奪志予之爲是言者非欲諸生不作文不應舉也但以聖經賢傳皆非空言朝考夕稽須求實用誠反其務外之念而會之於心體之於身則實踐之餘必有心得文不求工而自工名不求成而自成明體達用既不同於華士之鮮實又不同於迂疎之寡效使天下見眞儒之實學淆說前言以爲快其有光於吾道豈淺鮮哉爾諸生其懋勉毋忽

新增丁祭公費記　羅典

嶽麓書院之左舊構　先師殿塑像奉祀每春秋二丁
例由府署領銀七兩供祭多不敷此外有應修置更無
暇得籌及之會昨歲甲寅　恩科諸新貴者議朋辦戲
筵抒情講席醵貲四十兩予疑以爲濫不行留充書院
各廟祠公用今乙卯歲再值乾隆六十年　恩科計赴
院肄業諸同人斂至一百八十有奇復稟請銀六十兩
合前共百金因命男紹祁酌增設所必備務完善耐久
自　聖殿中龕旁及四配十哲兩廡外院後文昌閣右
崇道祠四箴亭亭上六君子堂堂西北山坳之道鄉祠

皆恭置香爐燭臺花瓶大小共十四副凡八十六件其質揀用堅木雕鏤爲文貼銀箔罩漆金光爛然新置几案九張高廣如式其華飾與所置供器輝映一色改作六張分别拆鉋截補所宜加漆或酌添花板加箔漆率如初成倩所知鬻粤東洋磁爵杯八副共二十四枚作木篋四皆六格各安二副分四齋檢存籩豆一百二十有八各整理傳漆爲光澤且資以固設櫃貯之加扃鐍其神帳色闇者院中又自撤而更之畫朵昭灼氣象爲之改觀今秋八月初九日值丁祭以埸坍故移祀月之

初吉先時更合鏹錢三十五兩具太牢禮兼牛羊豕三物文昌閣別具少牢禮兼羊豕凡酒食饈果之屬逾朔豐潔又置燈桿凡四高各數丈貫方斗如斗之魁以其二標魁星樓正向又二則分列書院門左右爲製纖綵爲燭籠共七十六提每桿十九提紅徹如火珠綴之爲瓔珞狀取文光福曜薈萃名山以發雲路齊登之兆鼓樂徹三日夜鞭爆應山谷約數萬響不啻燃燈起朔日訖於望日歷半月乃止遠近瞻矚翕然歡欣神靈肸蠁庶其鑒茲矣尤可幸者方秋季議[illegible]時且念自今以始

將有事於二丁必具太牢禮乃稱擬再籌百金繳入道署發當商生息如城南書院成例未幾而有十人分任之不勞而定時則有若衡郡之安仁歐陽子厚垣於一分十兩外更益以五此其通力眾擎猶復歉然若不足積念良深至長郡之湘鄉則有黃子齊斌王子恒性蕭子攢信李子本徵陳子炳曹子明湲一邑而得六人相顧然諾莫逆於心豈其日登六君子堂固有所感發興起而願為之徒歟綜其數於百金已屬過半此舉之竟成實重賴之他若寶郡邵陽之魏子甯邦以壬子來就

學初創建奎星樓首鐲十金時罕有比倫今以入場抵省聞書院新有鐲議祀典攸關亦卽於丁祭先日袖十金以相比佽自非志於好禮不變胡以致然至靖州會同有林子秀坤地處僻遠而所見廣於通都大邑其自奉殊省約及是修其可顧則無所靳惜且先及安仁歐陽子湘鄉黃子彙爲三分交出然則賢者之不可測何得獨推古人而猥薄今人也哉又吾邑湘潭若王子景元其年較諸同人爲最少而舉動比於老成文亦有規矩竊知其夙心向正不妒美不便私故得協情襄事油

然儕伍於十人中以善同而成爲矯異若此十人而外隨復續增二人各如原定鐲數一爲善化吾宗紹予煜時初列弟子員便趨從朋饗宫牆之舉志願固别越輩矣一爲桂陽州貢生魏子顯敬前未始及門也緣其姪從予遊輙欣躍輸忱若惟恐不得與事推其平居行義必多卓犖可表見者顧或者疑之謂百餘金數匪極多其十有二人亦大半有力經此一一獎許毋乃誇甚予曰非也此在爲諸生時正不易得自是發名科舉而列縉紳位列不同其卒皆能致力於神以予惠其民根

元寶托於此故鼇承　夫子嘗有所試之訓而爲之辭即鐫附嶽麓志末用留爲方來取證之符契云

奎星樓記

壬子夏五月初旬制軍畢公秋帆先生以詰武再莅長沙十四日渡江親主書院文課與學使張公忍齋先生偕至制軍謂己酉躋嶽麓絶頂攬得大局今當就卑覽勢一環面之因復偕學使出登臺遍指是山左界一支從禹碑前正脈數折而下既外作天馬橫峯同抱內復於平田中突起高阜其來曲隱隱有過峽處使人蹤跡

之而信嵩曰此天成也可搆魁星樓冠之以當文峯爲今秋闈發兆旋遣趨致白金一百兩鳌屬爲經始之藉明日諸學徒同辭請於余曰斗魁綴聯文昌正宜仰迓靈光以資其蔭且制軍以庚辰廷對第一人出而持節秦隴琭琫既歷二十有三年海內無與伯仲彼吉曜中所稱天貴欣有眞矣今實得其降臨周覽指示所宜如其言必有奇驗已訂同人更朋資助之時復有淑浦藏生通日者之學輪指而得吉亦卽來告曰五緯之行天木爲福德之主火爲文明之極今歲在壬子值六月十

八日二星同會於蒼龍之角度千載未易得遂時不可失也因相與候之初昏昏確然不惑乃共躍躍集工料剋期糾督不半月落成事誠美且異矣樓之制周回八丈作八方式方一丈高二丈八尺塑像七尺有五寸望之軒聳欲翔炳煥相輝地與人之靈傑相湊會端有賴焉今之從余遊者適及乘時與力以荷承嘉惠夫豈偶然者謹硯縷營建顛末爲之記

嶽麓書院文泉記　姚顯

先是大中丞南豐李公塤撫楚南之明年既飭紀綱釐

庶務念厚風俗必先文教興文教必自書院始廼與方伯廉使諸公謀重新嶽麓書院而鹺使諸公實總其成鄉大夫洗馬劉公率紳士之賢者董其役以己亥冬十月庀材鳩工既而庚子夏四月李公奉命移節粵東今大中丞諸城劉公繼之至秋七月工甫竣而泉適湧於講堂之西偏既清且甘可鑑可酌同人相賀曰瑞也遂疏爲方池而欄之而余爲名之曰文泉泉之在山常耳而往往出之有時譬之人才然天下無通都僻壤皆將有扶輿清淑磅礴鬱積其間而因時以發况楚南故名

區嶽麓又大儒過化地百世興起人才固未嘗一日無
夫士猶水也水有氣士亦有氣水之氣得晴暘蒸之則
浮浮而上士之氣得在上者鼓舞而振作之則亦躍躍
然迎之而興且夫天地亦氣感也人受氣於天天之氣
常與人通故人有激揚奮迅之氣天亦不吝爲之應父
兄之於子弟望之以文章期之以貴顯則爲之延明師
取益友日夕而課督之不必其子弟之盡能繼有成也
久之而其家必有振拔而起者人將曰此天所以報其
父兄也則亦一氣之所感然也惟賢邦伯牧長之於士

何獨不然然則斯泉之湧時哉時哉豈非天哉夫泉之道濬而日生引而不竭而適以瑞吾嶽麓文教之與人才其自此蒸蒸矣命之曰文不亦宜乎然余聞經天緯地之謂文諸公之爲教也蓋將易以實學使繼朱張之緒道德經濟本末燦然不僅如世之以詞華富貴相期者而已則其名蓋不易副而余亦有不得不爲多士勸者然要之士氣之奮於斯泉徵之矣遂爲之記既以質諸公勸之泉側且將以告李公云

建修屈子祠記　　張翺

屈子以忠而放逐憔悴憂鬱沈於汨羅以死夫人而悲其志矣往余守彝陵嘗車過秭歸訪屈子宅墟矣而女嬃廟擣衣石土人猶能言之故屈子血食彝陵有焉顧汨羅在長沙湘陰之間而廟祀闕如豈魂兮歸來獨不問諸水濱乎而訪諸都人士則附其主於賈太傅祠夫賈生之才與遇雖彷彿屈子而前後相去殊絕瓣香而尸祝之當先楚後漢蹐雒陽而祧湘纍烏乎可爰謀之范學使叔度及郡紳羅鴻臚愼齋兩先生倡議建祠卜於衡嶽之麓近講院闢隙壤分廩餼官俸之入得約三

千金慎齋先生躬督其事鳩工庀材經始於丙辰之季冬越明年又六月告成殿宇巍然神靈以安從此衡山湘水雖婦孺漁樵亦奉香草思美人矣豈獨執經髦士有所觀感而興起哉是爲記

屈子祠祭田記　范鏊

今上御極元年鏊奉

命視學湖南至則長沙守爲桐圃張君鏊同年友也桐圃出守湖北荆襄諸郡十餘年以經術潤飾吏事移守長沙政平訟理與民休息嘗言湖南爲屈子離騷故地

向無專祠奉祀心竊愿然於是出其祿餘於嶽麓講院之旁葺宇三楹榜曰三閭大夫祠其後桐園李撤守沅大中丞姜杜鄰先生以平苗告功退自辰州深嘉此舉有合古人鄉於教化興於行誼之意而又爲之經其久遠乃謀之藩臬監司諸大僚爲將來補修計及香火之資得一千金買田若干畝是時桐園復守長沙鋆亦三年校士將周會逢此邦吏治之成民氣和樂能以餘閒修舉廢缺並可想見一時賓采之盛其不可以無傳也

朱張渡亭記

袁名曜

嘉慶十七年名曜廁麓山講院冬十一月學使者湯敦甫先生按試長郡畢命駕書院集諸生堂上訓以敦品勵學諸大端既乃捫蘿躡石摹禹碑登高明中庸亭尋詠歸橋蒼筤谷諸勝蹟時名曜方與諸生重修朱張渡船稅先生趣之乃殷然臨湘岸歷文津道岸古石坊基址登牛頭洲揆攬形勢顧盧洲東西水程各寬若干里謂洲中閒宜搆屋數椽爲半渡驟遇大風雨者棲所乃捐俸二百兩屬楊生璋嚴生亚基鳩工爲屋建亭橫徑中既竣先生臨亭落之詔諸生曰壯於往或終厲少需

焉而利有攸往也躁於進則忘危姑待焉而無危勿安也見險能止相時而動茲亭亦有裨萬一乎名曜以茲亭之有裨於涉川者宏也茲爵之有裨於涉世者大也爰壽其言於石

重修朱張渡碑記

嶽麓書院臨湘濱對岸爲妙高峯麓江北橘洲尾遂去上數里平若几案俗呼牛頭洲舊於洲東西各設二船固書院要津而潭甯各鄉之達省會者俱便焉向固有劉克昌捐藏修田畝桼租入無幾歲不敷洎歷年多船

益就剝朽蓋廓有存者又時時需舁陸地專補葺於時往來者輒不便嘉慶壬申寓嶽麓書院及門士始建議修置並謀經久計余曰善且是匪特以利涉也按誌嶽麓及妙高峯爲晦庵南軒兩夫子講學地故渡名朱張、晦菴榜曰文津曰道岸寓意至深切是舉也亦將重存古蹟俾勿湮沒儻涉是津者航支泒而溯淵源毋亦有慨然切誕先登之思者乎於是吾邑劉鉅河遂請於觀察圖公捐田六十畝以益歲修而及門士各謀諸友朋醵金得若干兩買造舟筏余韙其行義之勇而又能公

善於人也遂記之

濂溪祠記

嶽麓書院舊建孔廟配享從祀諸仿京師及各直省學宮其西有程子四箴石刻作亭祀二程子南有崇道祠因考亭朱子南軒張子嘗講學此地俱於從祀外加特祀焉名耀謂書院爲湖南學者萃聚之地濂溪周子爲湖南人尤當建專祠於從祀外加特祀以彰俎豆先賢之誼且以使吾鄉學者之感發爲尤近也爰於崇道祠南闢地爲堂置豆籩鉶簠每春秋仲上丁加特祀如四

箴亭崇道祠儀夫周子生五季壞亂之後前無承藉闡
明絶學巍然爲有宋諸大賢冠洎今已數百載猶能使
朝廷褒崇錄其後裔此其神最靈神既靈則凡昭明焄
蒿必常憑依於鄉邑之近以樂所自生而反所自始鄉
之人有能讀周子書繼周子業而勃然興起者得非其
神靈所默相而佑啓者乎先議建祠時慮費無所出而
平江黄生修諒宜章吳生楚翱臨湘廖生大錦溆浦嚴
生正基即慨然捐貲善化楊生璋庀材鳩工諸生咸踴
躍贊襄浹旬蒇事翕然稱善此即所謂感發爲尤切近

者歟遂記之

改建自卑亭記

嶽麓山勢從西來橫列翠嶂峰巒森立咸張拱東向山脊二亭即晦菴朱子建亭故址并仍其名最上曰極高明次曰道中庸咸依山勢東向其濱湘而遊山者道由東之西康熙二十七年郡丞趙管亭董修書院於道旁建亭取中庸第十四章義顏曰自卑乾隆二十四年鄉前輩歐陽竹泉重葺各有記亭因在道北南向過者紆折數十武始達嗣又傾圮嘉慶十七年中丞廣公觀察

爲公彭公發金修繕書院飭監院廣文陳念堂及楊生璋經紀其事既竣余屬其昇甓葺石撤舊亭頹墻移建衢路中閒闢東西垣若闤闠使前後路相接引而仍其舊名客曰有說乎余應之曰遵道路而旁騖焉或虞其回曲也是宜端其向循軌轍而偏倚焉猶懼其歧衺也是宜正厥趍登斯亭者高山仰止道中庸也極高明也其脉絡之相爲貫注而勿殊其嚮往者一而已矣且夫自卑之義其非安於卑近之謂其謂率由者毋或躐進即接踵焉而引而進也自茲以往其聚而上者謂之升

乎客曰然則子之說固與趙氏歐陽氏相發明也請錄以爲記

重修嶽麓書院文昌閣記

清興二十餘年文治益漸被康熙初中丞周公諱召南始因舊址鼎新搆造書院建　先師殿廡而其時車氏萬青潘如安陶汝鼐陶之典胡之鳳唐世徵于公允吳季芳胡虞瓚陳有爲黄佳色胡依雲史左嚴李先香張元龍王士乾蔡壽生尹士偉車萬備施作霖張元凱龍起田劉象賢陳於前劉友光汪大宗張完楚丁昌恂李

先登江有潞陽始亨車以遏劉允祁蘇我望陳獻忠黃
尉金玉高榜尹皃王瓊黃鉞嚴瑛諸耆舊同建文昌閣
於講堂後二十五年中丞丁公諱思孔奏請
欽賜學達性天額
頒發經史書籍乃於閣後崇建
御書樓尊藏越乾隆九年中丞蔣公諱溥又奏請
欽賜道南正脉額
頒發書籍亦尊藏樓上
璇題寶軸雲采烜烜焜燿千古矣蓋聖廟文昌閣之建

越今已百五十年

御書樓之建亦閲百三十年中閒當事以時粉堊髹飾

而陳文恭公撫楚大修齋舍煥廓舊規爾時　聖廟文

昌閣

御書樓工尚完固無俟繕葺也名曜以嘉慶庚午歲回

籍自壬申洎今當事不棄謭陋俾寓硯兹院與鄉人士

相切劘敬覩書籍早爲蠹蟫傷蝕抄有存者而殿廡樓

閣材日朽壞勢難閒趍乃以昔年捐置文昌祭田之餘

增醵得四百緡修葺聖廟榱桷椽梲甎甓門墻臻於完

固而肄業貢生零陵何龍光遂以獨力捐修文昌閣及御書樓費八百緡始克蔵事一切鳩工庀材皆親爲摒擋其欂上鏤文以名曜掛名者龍光讓善之詞也於其成碑以記之至重購書籍以復舊觀則不能無請於當事云

嶽麓書院文昌閣祭田碑記

虞代禋於六宗故祭法有幽宗祭星之典漢以降凡禮天神輒祠星宿宋史禮志兆司中司命司錄於南郊然尚無文昌祀號我

朝肇建廟宇寅秩祀典領諸宗伯祭有常期煌煌乎上
儀也史記斗戴匡六星爲文昌宮孝經援神契謂文爲
精所聚昌以揚天紀夫天理無形以無形之理融結於
有形而精氣爲物綜福善禍淫之蘊以彰諸顯道燦煥
炳耀光被紘埏此所謂其氣發揚於上爲昭明神之著
莫著於此也自闇昧者惑於謬悠之書月立齋期甚或
胥爲妄誕不經之論悖棄典禮豈有當於神道設教之
正哉嶽麓書院舊有文昌閣無專祀禮蕪廢丙子歲名
曜倡議遵依定制以每歲仲春初三日設特祀置祭田

以租入供醴盞牲牢之用聞者踴然醵金若干遂買景德寺田五十畝田在梧桐嘴小天馬山西魁星樓北名曜母墓在小天馬山東桃子園平隴每朔望昕夕省視常經茲田塍徑見禾稻豐熟香風馥然輒感念共事者之踴躍而樂觀其成也固記之并勒捐金及綜理者姓名於左

新建崇聖祠碑記　歐陽厚均

書院舊有

聖人廟刱始於宋乾道間曰禮殿屢有興廢無定址明

宏治間始爲大成殿正德二年移建今所於是廟有專
地矣廟後平岡高二仞許除其地爲明倫堂後圮嘉靖
九年仍舊址爲敬一亭厥後易其額曰四箴立兩程夫
子主祀於其中未知始於何時也閱歲既久風雨剝蝕
材多朽蠹壁半欹斜厚均以乾隆己酉負笈從羅愼齋
夫子遊始履其地距今三十載爲嘉慶戊寅受當事之
聘主講席抗顏爲師祭菜後展謁各先賢祠宇登斯亭
也四堵就頹棟傾柱塌仰視簷瓦漏見日光亟與諸同
人謀撤而新之諸生請另闢地爲亭以存舊制即其遺

址式廓之仿各學黌宮之制建崇聖祠於其上余趨之
考聖人先代自宋大中祥符元年始加封號元至順元
年始封王爵别建殿於大成之西曰啟聖王殿明正統
三年始以顔曾思孟之父配然惟闕里家廟行之嘉靖
九年始通行於各學别立一祠於大成殿後曰啟聖祠
四配俱稱先賢後復增從祀先儒爲兩廡
國朝雍正元年始追封五代皆爲王爵額爲崇聖祠自
京師及各直省府廳州縣學宮咸遵行之至各處書院
間有立廟以祀聖人者制皆從殺後殿之建鮮哉希矣

惟嶽麓爲四大書院之一地居山水極勝既奧且曠自宋立　聖廟後由元明以迄國朝規模日擴殿陛戟門以次遞增東西配位兩哲兩廡廟制悉與各學宮等今復建後殿以崇祀聖人先代庶彬彬乎大備矣惟是鳩工庀材厥用不貲築室道謀不潰於成嘆多謀之不集也諸生既翕然〻一心事成於有志功成於能斷其勗哉毋怠於是僉舉諸習工程節慎出入者綜其事其籌經費勸捐輸則諸生分任其勞經始於仲秋之吉四閱月而棟宇成僉資告竭佽助者

緩不濟急余乃出修金佐其用不足復稱貸以益之
歲暮而土功畢木功休越明年己卯復籌款墊用設龕
位木主咸雕鏤之加金漆焉香案鑪瓶釐然畢具門戺
桷楹胥施丹堊修平階墄開浚溝道秋之八月厥功乃
蕆先後監院請於大府發帑存餘款以濟之又踰年欒
輸家亦節次齎至爰乃塡還墊借各款復以其羡葺門
以内祠廟堂舍增新改舊位置咸宜凡門以外之亭臺
古蹟亦罔不次第修復焉是舉也縻白金二千二百兩
有奇自崇聖祠而外若四箴亭若六君子堂若濂溪祠

若嶽神廟若講堂若半學齋若中道亭若赫曦臺若禹
碑亭若北海碑亭若極高明道中庸二亭若道鄉臺若
風雩亭若吹香亭若奎星樓或因或創與築者凡十有
六處倡其議者長沙李家驥宋成采周封萬陳濟川黃
甲第符正道董其役者楊璋贊其成者長沙馮序甫饒
先曙袁定甲李興之余士軫陳廣何薈祥周時翥善化
羅振聲黃維善歐陽新黃垣勞崇光葛之鏞楚拔南湘
陰易卽昌劉陽李長春伍宗德甯鄉楊文治周校緗益
陽羅雲周代炳湘鄉謝鴻逵衡山胡贊圭耒陽伍枝芳

新化歐陽垣　沅江王元麟　郴州曹甲先　桂陽州曹德鴻

俱不可以不書其慷慨好善之士悉列芳名於左

道鄉臺祠田彙記

嶽麓書院旁舊有道鄉臺宋南軒張子所築晦菴朱子爲之刻石立碑以表謫宦鄒忠公諱浩別字道鄉也詳見宋史及湖南通志明萬歷年其十三世孫鄒志隆祇學楚南捐貲建祠復購田給僧以奉香火撰有碑記嵌於祠壁鼎革後田被侵佔祠亦就圮康熙年巡撫趙恭毅公改卜搆祠飭善化章令淸釐田畝亦有碑記並立

於祠無如奸人舞法致滋弊混旋據其裔孫鄉言正具稟護撫阿方伯批飭善化蔡令再行確實細查始訊出劣紳假印僞契作奸情弊詳奉批準田給嶽麓寺僧收租完糧責令每歲供奉道鄉祠祭祀勒石寺中以垂久遠今碑尚存於寺也日久廢弛祭祀不供乾隆壬寅吾師羅慎齋先生爲山長遍謁祠廟行香至道鄉祠見門戶扃閉棟宇欹斜傳詢嶽麓寺僧稱祠租除完糧外僅敷春秋兩季祭需雇僧守祠食用無資情願退田退祠請另召別寺僧住乃率肄業諸生朋捐修葺祠宇另擇

僧人住持每歲田租給其收納完糧之外餘爲早晚香燈及僧徒食用之費兩季祭祀師生捐辦歲以爲常迄今遵行罔替自先生没後越十餘年余膺聘主嶽麓講席祠僧初猶謹恪及長老物故其徒年少不諳並未住祠看守垣頹瓦破祠復難以久支並聞有私減祠租加增佃規等弊爰命肄業生呈明監院長邑教諭戴監院據呈詳請鹺使高觀察動項修祠折舊增新規模較前式廓矣郡學教授何監院復據呈牒移善化縣洗明府訊究該僧退出祠宇追取私得規銀給佃交書院另擇

僧住永不准增減額租俱經取結附卷在案竊惟名山古蹟往哲遺蹤後之人當如何愛重而珍惜之昔宋潘昉遊道鄉臺詩有一落名勝手境與人俱香之句可知

境傳境以人重山靈亦爲之呵護故由宋以來七百有餘歲臺碑無恙祠宇常新所以維持而振舉之固深有賴於官斯土者尤望書院師生朔望行香春秋致祭必躬必親隨時稽察俾祠僧知所警惕恪守舊規罔敢違越則名臣一夕之淹留經朱張兩大儒之表章自明至今諸君子興廢舉墜之功庶幾可以永垂不朽矣

爰將前後碑石案卷彙而鋟之木藏於院中書樓用以告後之掌院事者

增捐朱張渡船工食碑記

朱張古渡大賢過化之地今爲行旅通津密邇書院師生之利涉尤便向設渡船四每船用渡夫一雍正年間里人劉克昌始捐田畝爲修造食用等項費用歷係善化六七兩都紳耆經理嘉慶年間甯鄉劉鉅河續捐田畝以備歲修其渡夫工食則係舊捐之田每歲給各船分收無如田多磽瘠遇旱乾水溢往往歉收甚至食用

不敷輒向書院內募助閒有分蘁鹽之餘給渡夫略資沾潤復不能歲以爲常諸同人惻然閔之思爲經久計而力難副其所願者多湘陰蔡生先哲歸商其伯兄程齋先生慷慨解囊出緡錢六十萬增置產業以濟渡夫食用之不足於是僉舉楊生本章向生簡修董其事買鄰近渡口肆廛二區歲收其稅值按季分給各船添補工食每歲由書院擇人經管立定章程凡肄業生及僕從人等渡江隨到隨開不得遲留需索諸生旣呈明善邑立案以杜侵漁並請書其事於石垂諸久遠因念先

兄南屏學博昔從羅慎齋夫子遊集同門十有一人各醵十金以襄春秋祀典極蒙吾夫子嘉賞作記付梓一一獎許之今蔡生昆仲獨力捐輸爲數奚翅倍蓰此其見義勇爲超越尋常萬萬矣予其可沒人之善而不爲之表揚哉爰礱石而記之並以告地方之經理朱張祠事者

移建濂溪祠碑記

嶽麓舊無濂溪周子專祠嘉慶初年吾師羅慎齋夫子掌教時倡建周公祠於山之陽落成後以其左爲賈太

傅祠祔周子主於其內每朔望釋菜春秋丁祭夫成殿
禮成率諸生躬詣祠內行禮歲以爲常厥後有通人兼
皋春楚以屈公稱謂不典易其額爲三閭大夫於賈傅
祠內增設左徒弟子宋玉景差唐勒等主復以周子未
開一至嶽麓乃即其主剷削之改題爲漢大夫司馬遷
加丹漆焉謂遷曾至楚有弔屈賦可考也近日遂有以
漢侍中王逸嘗注離騷復增其主於祠內者夫注離騷
者前後數十家往哲名流指不勝屈安得人人而祠之
此其不待辨者也至以濂溪未至嶽麓而剷其主易其

名如屬邑者奚堪與大儒相頡頏耶且如宋玉唐勒景差人品更不足論亦嘗涉足至吾楚之地耶濂溪楚人以鄉人祀其鄉先生何地不宜乃黜濂溪而祀諸子適人固如是耶嘉慶壬申袁峴岡侍講爲院長始建專祠於書院内特祀濂溪周子捐貲者平江黄修諒宜章吳楚翱臨湘廖大錦溆浦嚴正基董其役者善化楊瑋碑記具在也越六年厚均膺聘而來又三年大中丞李松雲先生率僚屬渡江送學周視祠宇以濂溪之有專祠禮固宜之惟祠在朱張兩夫子之右位置尙爲不協於

是諸同人聞之請移於上適新闢地構四敞亭以祀兩程夫子其旁尚有隙地祠濂溪於其左位次先後庶幾咸宜爰以募建崇聖祠之羨金鳩工庀材三閱月而告成仍奉周子木主祀於其中製龕位者衡山周濂也先是康熙年間邵陽車太史主講席時嘗摘張南軒詩句超然會太極五字手書爲額藏於院今粉飾而新之懸諸祠內以存先輩之手跡云爾

雜記

楊茂元朱子考正禮儀贊釋奠禮儀太常所下與文質錄讀者疑訝力疾考正以移學官示此彝典永垂不刊前志遺錄又麓山諸學贊首二語巍巍麓山翼翼書院前志及詩鈔均誤作猗與嶽麓山翼書院末後尚有明嘉靖戊子冬進士孫續跋語云右存紫陽一二於千百也余甲寅拜先生像於嶽麓入正脈堂登極高明道中庸亭想見先生風神洋洋恍接咳唾既乃復覽此圖先生用功之全又管窺僅僅也已先生功在聖門學在社

稷名在天下後世澤流一方者猶在茲石殆與嶽麓相永長哉夫賢哲之一初千古非遠觸彼心目能無猶興紫陽遺蹟通志載原刻八片明末寺僧剜砌溝渠康熙閒巡撫周召南追取僅得四片按今嵌於嶽麓廟者其有五片蓋前賢手蹟每以時出安知異日之不可得全刻也

程子四箴石刻每箴後明世宗各爲註嘉靖初建敬一亭於太學中勑所製敬一箴及註程子四箴范浚心箴於石從太常卿許進請也

古道林寺基久失考乾隆中羅院長建三閭大夫祠發土得古磚後士人於祠前阡陌中鋤出石磉廣徑盈三尺許又石砌數層約長四五丈或曰此即道林寺舊址也

毛仙翁者不知何許人也唐大中戊寅歲江南詩人張爲薄遊長沙獲女奴於嶽麓山中惑之歲餘成羸疾偶遇仙翁知其爲妖所祟以藥一粒授爲焚之氣郁烈聞百步魅妾一號而斃乃木偶人也又吞以丹砂如黍者三粒遂瘳爲歸時有謝別毛仙翁詩

雲麓宮明吉簡王就藩長沙時倡建後殿故今以重修之金王二方士爲始大門外古樹一株好事者以鐘納鈕其內如聚鈴然鐘銘萬歷四年造扣之精越以長土人呼爲飛來鐘

冷齋夜話李澄之子源自以父死王難不仕隱洛陽惠林寺年八十餘與道人圓觀游甚密老而約自峽路入蜀觀見錦襠女子浣泣曰所以不欲此來者以此女也然業隱不可逃明年某日君過可相臨以一笑爲信君三生爲比邱居湖西嶽麓寺寺有亙石林間嘗習禪其

上遂不復言已而觀死明年如期至其家則兒生始三日抱臨明檐兒果一笑越後十二年至錢塘孤山月下聞扣牛角而歌者曰三生石上舊精魂賞月臨風不要論慚愧情人遠相訪此身雖壞性猶存安仁歐陽厚墀有嶽麓三生石四絕句云湘西古寺尚巋然遺構初開太始年一自李邕題碣後高僧軼事幾人傳講經臺畔說緣因前世他生記得眞一點精魂偏不壞肯隨劫火化灰塵禪定曾聞坐石墩祇今到處是雲根未知誰是三生石牛背兒童竟不言嶽山可復有圓觀五百沙門

舉似難誰共冷齋閒夜話笑他饒舌是豐干

書院舊有六齋長沙知府李拔俱有銘詞存誠齋云乾坤萬彙共祖一誠無二無雜聖葆其精下此致曲誠由於明或澄或汰還源而清毋爲物擾毋逐心兵存存不已得一以貞主敬齋云敬兼內外學貫終始舜曰溫恭文曰敬止千聖百王此心而已主一無適朋從不起出入之間頓分仁鄙毋怠毋荒勗哉修士居仁齋云維皇誕降仁爲最先事親敬長率性而然知誘物化倏爾棄捐曠茲安宅貿貿何還大賢克己戰勝有權體忠行恕

庶幾近焉 由義齋云仁主於慈義則爲斷制心制事理原一貫集之徙之至是爲幹如牽康衢豈爲越畔負而能趨誕登彼岸崇德齋云念茲無逸作德日休浮雲富貴於人何求安貧守道樂天不憂積累有得欝若崇邱行堪矜式言重鼎鹵考鐘伐鼓播以千秋廣業齋云存爲德行發爲事業如木有根如枝有葉本深末茂膏盛光暉願宏遠謨無鬥巧捷大雅扶輪菁氣調燮懿彼蒼穹煥乎往牒

嶽麓聯語佳者如林今俱散佚編入楹聯叢話者惟大

門惟楚有材於斯爲盛其地接衡湘大澤深山龍虎氣
學宗鄒魯禮門義路聖賢心一聯各語尚闕首四字猶
憶曠會之講堂云是非審之於己毀譽聽之於人得失
安之於數陟嶽麓峯頭朗月清風太極悠然可會君親
恩何以酬民物命何以立聖賢道何以傳登赫曦臺上
衡雲湘水斯文定有攸歸陽湖左輔聯云合安利勉而
爲學通天地人之謂才羅院長愛晚亭云忽訝斷紅輸
五百夭桃新種得好將叢翠點一雙馴鶴待能來時歐
陽院長從之游後踵主講席續題云紅雨徑中記侍扶

鳩曾此地白雲深處欲招馴鶴待何年又門嶽麓寺云
泉在山附萬里朝陽鳴到梅松經歲古百年培養自陵
衙三閭大夫祠聯積禮蹤芳三代以據存直道盟心感
與六經而後發奇文則忘作者姓名矣

嶺麓聽志　卷四

長沙嶽麓書院續志卷之終

清泉丁善慶纂輯

書籍舊記　條款　目錄

詩書義之府也上好義則民莫敢不服又何好訟之足慮哉讀李中丞藏書記意慮深遠矣條款亦極周備咸豐壬子秋遭兵燹蕩然無存同志復捐置書籍若干種視前此藏書殆十之四五耳茲恐有遺失也爰標明目錄姓名以捐置先後爲次附于舊記條款後以垂永久更望續有捐置日臻美備即以補鐫于後俾司其事者

照條欽謹藏之多士之肄業于茲者詩書之澤義利之分循誦傳習以之進德庶幾嚮義者多民風亦無愧其不古若乎

嶽麓書院藏書記

士民之表也經士之業也民風醇本於士習端士習端本於經術明經明則行修一人行修移於一家一家行修移於一鄉一國訓世正俗其必由通經之士乎自余來撫楚南楚南故號雅地人材無愧不古若顧近日之民頗好訟甚者赴愬於　京案之初非有困弊之莫爲

昭蘇也非有奇冤重比之未獲洗滌也又非有惸獨老
幼之欲有復於上而其長弗達也夫民愚何知清訟之
源固塡撫使者之職抑亦鄉鄰族黨閭薰其德而善良
者無人歟則夫勸學修禮崇化厲賢良汲汲矣楚南嶽
麓書院之建自北宋始咸平初州守李允則請於朝乞
以書藏祥符閒山長周式引見便殿賜中秘書使歸教
授剏其爲朱張兩大賢講學之地哉我
朝康熙二十三年巡撫鐵嶺丁公請
頒經史十六種特建樓以藏之蓋修北宋故事也歷年

多皆朽蠹散軼而不可復稽余懼後生之士因陋就寡但爲決科利祿計無以講道而勸斯民也亟謀之同官發公帑錢五百緡購書若干卷經史子集悉具諸生讀書各造其所毋挾以歸歲一曝月一整則責之監院事者俾永其傳或曰古今載籍極博曾是區區者而足爲學者之山淵乎余曰然然書不貴能藏貴能讀苟即此而通之其視兎園册子何如也且諸生日與聖賢對經術明而士習端士習端而民風醇讀書之益孰大於是詎比藏書家必與劉略班藝虞志荀錄爭勝也哉抑又

安知夫後之人不踵而行之更廣爲購儲使日臻於美
備哉則卽以此區區者爲物始也可愛書以爲記
嘉慶廿有五年庚辰夏五撫湘使者山陰李堯棟撰

條款

署布政使敦良
鹽法長寶道胡鉁為遵批會詳事案奉
憲台札開據嶽麓書院肄業生監周有篮等呈懇
奏請
御書匾額並
欽定書籍以惠士林等情討抄發原呈條議一合等因奉
此本司道等謹據所呈各條會同核議分注於後
一據稱購求宜廣也嶽麓勝跡自應廣求書籍以
備名山之藏現經呈懇　奏請頒發

殿板諸書尚有從前頒發查已遺失無存者應請補購備貯此外如坊肆刻本及官紳士民家藏已刻未刻各本應請通行札飭各屬勸募捐置仰蒙各憲現議陸續捐購其現任湖南地方文武各憲及通省各屬士民如有家藏書籍情願捐入書院或自願量力捐資以備購買書籍之用者應請悉聽其便官捐者官爲購買隨時飭交監院收貯民捐者民爲購買亦隨時呈請監院收貯均令即行登入冊檔一面申報院司道衙門存案至各府廳州

縣新舊志書及別項書籍板片向係官爲經理者
應請飭屬概行徵收以備貯藏等語查從前
頒發諸書遺失無存據該生等呈請補購應請札飭
該監院查明書目即於道庫貯存額增膏火項下
動銀購買發交監院收貯其有願捐者聽從其便
毋庸通飭勸捐至府州縣志書及別項書籍板片
不必徵取貯院以省煩擾
一據稱收發宜清也各項書籍藏貯既多一收一
發登記宜清應請責成監院設立册檔按年登載

新收者或係
頒發或係徵取俱於各書名下注明幾卷幾本幾套
係某年月日收到字樣內捐置及購買者除照前
注明外並添注何員何人捐購字樣每書於殼面
上俱鈐用監院鈐記並於逐部逐頁加鈐嶽麓書
院藏書圖記一顆庶免偷換等弊至院長及住齋
諸生取閱書籍應由監院發交造册存查隨時登
號記數閱後繳還銷號內有未繳者向來於散館
時查收銷號應請嗣後按季收查三月內即行催

繳俟繳還前書再行取閱别册至散館時仍不繳
出監院卽核明原書價值申報上司如係院長於
修金內扣存係肄業生於膏火銀內扣存倘扣存
不敷行文各學籍追足價銀以爲買補書籍之用
如監院不隨時稟出卽著落賠補等語查書籍藏
貯既多自應設立册檔詳明登記應如該生等所
請每書於売面鈐用監院鈐記現今捐購各書每
書每本首頁尾頁俱鈐蓋嶽麓書院官書戳記惟
諸生取閱從前於散館時查收固不可行卽現在

所議三月催繳亦爲日大久易致散失應請飭各生取閱書籍呈明監院照號查發每十日查收一次如要取看再請查發查書院每月考課三次監院例須到院便予收發不得假手書吏以免散佚如有短少責成監院賠補

一據稱交代宜嚴也各學書籍俱有交代書院設立監院教官一員經管書籍歷係列入交代近年來不知何以全歸烏有應請嗣後更換監院新舊交代之時添設監交二員省城內現有三學共教

職六員除新監院之同學者不派外其餘兩學各派一員監交一體具結申報倘有遺失書籍不卽行稟報著賠者至下屆交代時查出卽責令與監院各半分賠並量予薄罰示儆如另委別學及候補人員監院亦請於省城內分學派現任教職二員監交至交代册結向來申報鹽憲轉申撫憲衙門應請嗣後多造數分報申學憲藩臬糧各憲及長沙府憲各衙門存案以備稽查等語查各學書籍俱有交代書院事同一律應如該生等

所請新舊交代之時添派監交一員眼同查點交收取造册結具文申報管理書院各衙門以備稽查至下屆交代之時書籍如有短少責令監交之員與監院各半分賠其餘各衙門不必添增文報以省案牘

一據稱藏貯宜謹也藏貯書籍須防霉變起于潮溼尤莫甚於房屋之滲漏現在

御書樓一座重修完固樓上樓下俱可藏書若不逐年苫蓋修理恐難經久應請增歲修一項每歲所需不

過數金以爲添補瓦片修整格扇之用如椽桷牆壁損壞應大加修飾監院隨時察看情形申請勘估辦理至貯書用櫃用架各隨其便必須堅實乾料做法不得苟簡庶免蟲蛀損壞等弊約計櫃一隻需銀在二兩上下架一隻需銀不上一兩爲數尙屬無多應請添製備一項俟購求書籍已有成數再定櫃架數目之多寡惟查前二項銀兩書院內每年俱有此款項名目近年來竟係有名無實應請嗣後

御書樓及書院內堂廡學舍新增舊有一切歲修製備銀
兩每年在於啟館後一月之內或遴委廉員會同
監院領銀結報辦理或由在院肄業生內選擇首
事一二名承辦其銀兩隨同膏火發交該生具領
辦理或在門堂齋夫內由院長監院選擇一名承
辦其銀兩隨同該役工食發交具領辦理庶不致
假手胥吏銀無扣尅工歸實用等語查貯書之處
收藏宜謹每年苫蓋修補需用不過數金如應大
加修理監院察看情形申 請勘估辦理均應如該

生等所請至貯書需用櫃架俟核定數目再於道
庫貯存額增膏火項下動銀製造至書院工程從
未經手吏胥即如上年修理
崇聖祠六君子堂各處估計工料銀六百四十八兩
有零經監院具文請領於上年十二月全數發給
至今半年之久曾否竣工催卷成帙查無隻字具
報無從稽核應請嗣後如有工程動用專責監院
經理銀數無多者全行發給若數在百兩以上估
册到日詳奉

憲臺批准後先行發給一半其餘俟工程完竣委員覆驗之後再行找發以節浮冒

一據稱看守宜嚴也

御書樓一座在書院中最後一層地本僻靜圍牆倚爲周密應請設看守人役一名令其在館居住隨司鎖鑰隨時看視不許閒遊人等入內窺伺並不許肄業諸生借住樓下每年霉雨月分稟請監院眼同曬晾書籍其工食銀米照門堂齋夫之例每月給銀六錢米三斗以資養贍等語查樓中藏貯書籍

自應設役看守應如該生等所請添設看役一名照門堂齋夫之例每月給銀六錢米三斗以資養贍貯書之處嚴密封鎖鑰令監院收掌不許閒襍人等入內窺伺並不許肄業諸生借住樓下每年霉雨月分稟請監院曬晾書籍均應如所請辦理理合具文詳請

憲臺俯賜查核批示飭遵

鹽法長寶道胡鏻爲詳報事案照前奉
憲臺行據嶽麓書院肄業生監呈懇　奏請
御書匾額並
欽定書籍案內條呈購買各項書籍當經會同藩司按款
具詳其應買書籍酌擬在于道庫貯存類增膏火
項下動支購買奉批如詳飭遵繳奉此遵即提銀
五百兩發交布政司理問瞿中溶辦理俟採買齊
全即由該員查照書籍名目本數函數及用過價
值逐一開造清册報銷發交委管監院官悉心查

收具報外理合將提銀購買緣由具文詳請

憲臺俯賜查核批示祗遵

嶽麓書院新捐官書目錄

御製日講四書解義　二十六卷　二十本　一函

御定佩文韻府　四百四十三卷　一百本二十函

十三經注疏阮刻本後有校勘記

周易晉韓康伯注唐孔穎達疏　九卷　八本　一函

尚書漢孔安國傳唐孔穎達疏　二十卷　十本　一函

毛詩漢鄭康成箋唐孔穎達疏　二十四卷　二十四本四函

周禮漢鄭康成注唐賈公彥疏　四十二卷　二十本　一函

儀禮漢鄭康成注唐賈公彥疏　五十卷　十八本　一函

禮記漢鄭康成注唐孔穎達疏　六十三卷　三十二本四函

春秋左氏傳晉杜預注唐孔穎達疏六十卷三十二本四函

春秋公羊傳漢何休注唐徐彦疏二十八卷十二本二函

春秋穀梁傳晉范甯集解唐楊士勛疏二十卷　六本　一函

孝經唐明皇注宋邢昺疏九卷　二本

論語魏何晏集解宋邢昺疏二十卷　六本　共一函

孟子漢趙岐注宋邢昺疏十四卷　八本　一函

爾雅晉郭璞注宋邢昺疏十卷　六本　一函

困學紀聞三箋宋王應麟撰二十卷　八本

以上書計四種掌教嶽麓書院清泉丁善慶捐置

欽定康熙字典　四十本

禹貢錐指　胡渭著　二十卷　十本

禮經會元　宋葉文康公著　四卷　四本

詞綜　朱錫鬯 汪晉賢 同輯　三十六卷　六本

以上書計四種善化俞錫霖錫祺錫冠捐置

皇淸經解　一千四百卷三百五十本

皇朝經世文編　賀長齡輯　一百二十卷八十本八函

史記評林　凌稚隆輯校 李光縉增補　一百零一卷二十本

五代史記注　宋歐陽修撰 徐無黨原注　七十四卷四十本二函

蘇文忠公詩集 紀昀評點 五十卷 十二本一函

朱子全書 六十六卷 三十四本

四書說約 鹿伯順著 四本

王船山宋論 明王夫之譔 後附思問錄外篇 十五卷 四本

以上書計八種善化賀詒令捐置

欽定唐宋詩醇 四十七卷 二十本

欽定四書文 化治一册 啟禎四册 正嘉二册 本朝五册 隆萬二册 十四本

文選補遺 陳仁子輯 四十卷 八本

可儀堂一百二十名家制義 俞長城編次 二十四本

卷十二　茅坤　瞿景淳　王樵
卷十三　袁福徵　孫樓　海瑞
卷十四　周思兼　陶懌　許孚遠
卷十五　胡定　王錫爵
卷十六　歸有光
卷十七　胡友信　鄧以讚
卷十八　黃洪憲　孫鑛
卷十九　趙南星
卷二十　馮夢禎　楊起元
卷二十一　顧憲成　鄒德溥
卷二十二　萬國欽　湯顯祖　葉修
卷二十三　張壽朋　錢士鼇
卷二十四　陶望齡　董其昌
卷二十五　郝敬　吳默
卷二十六　顧天埈　孫慎行　黃汝亨
卷二十七　許獬　張以誠
卷二十八　方應祥
卷二十九　顧錫疇　石有恆　王士驌

卷四十七　韓奕撰
卷四十八　金居敬

懷麓堂全集　明李西涯著　一百卷　二十本

嶽麓詩文鈔

以上書計六種茶陵陳源瑑捐置

纂性理精義　十二卷　三本

四書匯參　王罕皆輯

以上書計二種善化李綬梅捐置

五子近思録　江慎修輯　十四卷　三本

朱子近思録　葉采集解　十四卷　三本

九經古義　惠定宇撰　八本

以上書計三種茶陵譚近光捐置

陳檢討四六　陳維崧撰　二十卷　四本

以上書一種湘潭李應昌捐置

湖南通志　乾隆丁丑年修　一百七十四卷　六十四本

以上書一種湘陰郭家銓捐置

欽定周官義疏　四十八卷　三十六本五函

欽定儀禮義疏　四十八卷　四十本　六函

欽定禮記義疏　八十二卷　四十四本七函

欽定春秋傳說彙纂	三十八卷	十九本	二函
御纂周易述義	十卷	四本	
御纂春秋直解	十二卷	八本	一函
欽定學政全書	八十六卷	二十本	
山海經晉郭璞傳郝懿行箋疏	十八卷	四本	一函
書經彙纂陸崑庭輯	十二卷	六本	
水經注釋趙一清定本	四十卷	二十本	
五經異義			
經典釋文唐陸德明撰		十本	一函

孝經音義一卷

論語音義一卷

老子音義一卷

莊子音義三卷

爾雅音義二卷

考證二册盧文弨著

資治通鑑綱目　八十四卷　八十九本

續綱目　二十七卷　二十七本　共十二函

王陽明全集　十六卷　十二本

呉詩集覽靳榮藩輯　二十卷　十二本　一函

漢魏叢書八十六種　八十本　八函

易林四卷漢焦贛著

易傳三卷漢京房著

關氏易傳一卷北魏關朗著闕

周易略例一卷晉王弼著

古三墳一卷晉阮咸著

汲冢周書十卷晉孔晁注

子貢詩傳一卷

詩說一卷 漢申培著

韓詩外傳十卷 漢韓嬰著

毛詩草木鳥獸蟲魚疏二卷 吳陸璣著 闕

大戴禮記十三卷 漢戴德著

春秋繁露十七卷 漢董仲舒著

白虎通德論四卷 漢班固著

獨斷一卷 漢蔡邕著

忠經一卷 漢馬融撰

孝經一卷 晉陶潛著

小爾雅一卷漢孔鮒著闕

方言十三卷漢揚雄紀晉郭璞解

博雅十卷魏張揖輯

釋名四卷漢劉熙著

竹書紀年二卷梁沈約附注

穆天子傳六卷晉郭璞注

越絕書十五卷

吳越春秋六卷漢趙曄撰

西京雜記一卷漢劉歆著

漢武帝內傳一卷 漢班固著

飛燕外傳一卷 漢伶元著

雜事秘辛一卷

華陽國志十四篇 巴志 蜀志 南中志 公孫

志 劉先主志 劉後主志

大同志 李志 漢中士女志 梓潼士女志

西州後賢志 序志 序志後語

附江原常氏士女志

晉常璩著

十六國春秋十六篇 前趙錄 後趙錄

前燕錄 前秦錄

後秦錄 蜀錄 前涼錄 西涼錄

北涼錄 後涼錄 後燕錄 南涼錄

南燕錄 西秦錄 北燕錄 夏錄

魏崔鴻撰

元經薛氏傳 隋王通撰 阮逸注 薛收傳

羣輔錄一卷 晉陶潛著

英雄記鈔一卷 魏王粲撰

高士傳三卷 晉皇甫謐著

蓮社高賢傳一卷 晉人著 闕

神僊傳十卷 晉葛洪著

孔叢子二卷 漢孔鮒著

新語二卷 漢陸賈著

新書十卷 漢賈誼著

新序十卷漢劉向著

說苑二十卷漢劉向著

淮南鴻烈解二十一卷漢劉安著

鹽鐵論十二卷漢桓寬著

法言十卷漢揚雄著

申鑒五卷漢荀悅著

論衡三十卷漢王充著

潛夫論十卷漢王符著

中論二卷魏徐幹著

中說二卷 隋王通著

風俗通義十卷 漢應劭著

人物志三卷 漢劉邵著

新論十卷 漢劉勰著

顏氏家訓二卷 北齊顏之推著

參同契一卷 漢魏伯陽著

陰符經一卷 漢張良著

風后握奇經一卷 漢公孫宏解闕

素書一卷 漢黃石公著

心書一卷 漢諸葛亮著

古今注三卷 晉崔豹著

博物志十卷 晉張華著

還冤記十卷 北齊顏之推著 闕

文心雕龍十卷 梁劉勰著

詩品三卷 梁鍾嶸著

書品一卷 梁庾肩吾著

尤射一卷 魏繆襲著 闕

述異記一卷 梁任昉著

拾遺記十卷晉王嘉著

續齊諧記一卷梁吳均著

搜神記八卷晉干寶撰

續搜神記二卷晉陶潛著

神異經一卷漢東方朔著

海內十洲記一卷漢東方朔著

別國洞冥記一卷漢郭憲著

枕中書一卷晉葛洪著闕

佛國說一卷晉釋法顯著闕

洛陽伽藍記五卷 後魏楊衒之著

三輔黄圖六卷 漢人撰

水經二卷 漢桑欽著

星經二卷 漢甘公石申著

荆楚歲時記一卷 晉宗懔著

南方草木狀三卷 晉嵇含著

竹譜一卷 晉戴凱之著

禽經一卷 晉張華注 闕

古今刀劍錄一卷 梁陶宏景集

鼎錄一卷　梁虞荔纂

天祿閣外史八卷　梁黃憲著

以上書十九種湘陰張自牧捐置

御批通鑑輯覽　一百一十七卷　六十四本　二函

駁呂留良四書講義　八本　一函

四庫全書提要　一百三十本

欽定禮記義疏　八十二卷　四十八本　二函

韻府拾遺　一百零五卷　二十四本　二函

皇朝藩部要略　十八卷　八本　一函

資治通鑑　司馬光編集　三百零六卷　一百本　四函

說文解字斠詮　錢坫訂　十四本　一函

王忠文公全集　宋王梅溪著　二十四卷　十本　二函

岳忠武王文集　九卷　四本　一函

張太岳文集　四十七卷　八本　一函

四書反身錄　杜紹祈撰　八卷　四本　一函

隸辨　顧南原撰集　八本　一函

通釋　徐鍇傳釋　朱翱反切　八本　一函

金石萃編　王昶撰　一百六十卷　六十四本　二函

類書纂要 周南林手集 三十二卷 二十四本 一函
六朝文絜 許槤評選 二本 二部 共一函
斯文精萃 尹繼善選 二十本 二部 各一函
徐孝穆全集 吳兆宜箋注 六卷 三本 一函
曲江集 六本 一函
郭茂倩樂府題解 十六本
王弇州山人續編 王世貞著 十本 二函
小萬卷齋文稾 朱蘭坡著 十二本 一函
陶文毅公全集 六十四卷 又末一卷 二十四本 二函

三國史　裴松之注　六十五卷　十六本　一函
日知錄　顧亭林著　附日知錄之餘菰中隨筆　三十二卷　十二本　一函
綏寇紀略　鄒流綺訂　十二卷　六本　一函
十七史商榷　王鳴盛撰　一百卷　十六本　一函
古今韻略　邵長衡纂　五本　一函
韻彙　沈道寬編次　五卷　五本　一函
史記　陳臥子測議　一百三十卷　三十六本　一函
蘇東坡詩集注　呂伯恭編　王龜齡輯　十五本　一函
袁吳八家四六文鈔　四本　二函

玉海宋王應麟撰　二百零四卷　四十八本六函

附

詩考　一卷　共一本

詩地理考　六卷

漢藝文志考證　十卷　一本

通鑑地理通釋　十四卷

周書王會補注　一卷　共一本

漢志考　四卷

大戴禮踐阼篇集解　一卷

急就章　四卷

姓氏急就篇　二卷　與急就章共一本

小學紺珠　十卷　二本

六經天文編　二卷　一本

周易鄭康成注　一卷

通鑑答問　五卷　共一本

藏書十三種　七十九本　八函

儀禮節略　二十卷　十五本

顏氏家訓　北齊顏之推著　二本

溫公家範　二本

禮記纂言　三十六卷　十四本

張子全書　朱晦翁註釋　六本

春秋鈔　四本

周易傳義　六本

名臣傳　十八本

孝經　一本

呂氏四禮翼　一本

名儒傳　四本

循吏傳　四本

大戴禮記　二本

困學紀聞　八本　一函

以上書三十六種湘陰李概桓捐置

約書謝階樹著　十二卷　二部共八本

以上書一種湖南督糧道謝煌捐置

讀史兵略胡林翼纂　四十六卷　十六本　二函

數學拾遺丁取忠述　二部共二本

度里表丁取忠述　一本

以上書三種長沙丁取忠捐置

呻吟語呂新吾著　六卷　三本　一

以上書一種新甯江忠淑捐置

文帝全書　十二本

以上書一種湘潭吳棠捐置

文昌金科輯要　三集　二部共四十八本　二函

以上書一種善化楊壽時捐置

御纂周易折中　二十二卷　十二本　一函

欽定書經傳說彙纂　二十四卷　十二本　二函

欽定詩經傳說彙纂　二十五卷　十六本　二函

欽定春秋傳說彙纂　四十卷　二十本　二函

欽定周官義疏　四十八卷　三十二本　四函

欽定儀禮義疏　五十卷　四十本　五函

欽定禮記義疏　八十三卷　四十八本　六函

惜抱軒全集　姚鼐撰　十六卷　十六本　二函

以上書八種湖南巡撫部院合肥李瀚章捐置